浙江工商大学出版社｜杭州

钱江探源

陈荣高 等／著

『钱塘江故事』丛书

总序

钱塘江，流淌不息的是故事

浙江省钱塘江文化研究会会长　胡　坚

钱塘江，是浙江的“母亲河”，流经浙江近50%的省域面积，世世代代滋养着浙江人民繁衍生息。

钱塘江是一条自然之江。它是浙江境内最大的河流。以北源新安江起算，全长588.73千米；以南源衢江上游马金溪起算，全长522.22千米。两岸青山叠翠、云卷云舒、村镇星罗、田野棋布。钱塘江因天下独绝的奇山异水而久负盛名、享誉古今。它哺育的美丽浙江，有看不完的风景，说不完的故事，讲不完的传奇。

钱塘江是一条梦想之江。钱江源头，一滴滴水珠汇聚成涓涓细流，形成山涧的清泉，从蜿蜒的山脉中豁然涌出，汇成溪流，聚成小河，凝成大江，涌成惊涛拍岸的钱江大潮。每一滴水都能在这个过程中，发现自己原来这么有力量。钱塘江以不息的潮汐告诉人们——只要有梦想，有方向，有凝聚力，渺小也能够构成伟大，数量就会变成力量。

钱塘江是一条精神之江。钱塘江赋予浙江人以物质财富和精神财富，浙江人赋予钱塘江以自然状态和人文形态。“天时”“地利”造就了钱塘江涌潮，“怒涛卷霜雪”“壮观天下无”。千百年来，钱塘江

“弄潮”是一种奇特的人文现象。“弄潮”之风在唐朝时兴起，宋朝时更甚。迎着滚滚而来、地覆天翻的江水，在声如雷鸣、涛如喷雪的潮水里，“弄潮儿向涛头立，手把红旗旗不湿”，气势如虹的雄姿，给后人留下了不畏艰险、敢于拼搏、逆浪而进、力压潮头的人文精神。

钱塘江是一条艺术之江。自晋唐以来，钱塘江吸引了众多文人墨客前来游历论学。他们或探幽访胜，或宦游访友，或寄情山水，留下了无数诗篇华章，如白居易《忆江南》、柳永《望海潮·东南形胜》等名篇，令画卷上的钱塘江弥漫着浓厚的书香与笔墨气息。在这里，诞生了无数绝世篇章。同时，成就了一代宗师黄公望的山水画巅峰之作《富春山居图》，造就了“中国山水画泰斗”黄宾虹等一批画家，诗情和画意绵延古今。另外，钱塘江还成就了吴越文化和在中国人文思想史上产生过重大影响的新安文化。孔氏家族“扈跸南渡”更是推动了儒学在江南的传播，开创了儒学新风尚。

钱塘江更是一条创造时代的奇迹之江。改革开放以来，浙江人民在建设中国特色社会主义的大潮中，干在实处，走在前列，勇立潮头，在钱塘江两岸创造了一个又一个人间奇迹，也创造了新时代的灿烂文化。特别是当我们走进新时代，吹响“实施拥江发展战略，努力打造和谐宜居、富有活力、特色鲜明的现代化城市”的号角，更是让钱塘江彰显出了勇立潮头、大气开放、互通共荣的时代精神。

钱塘江文化研究会聚集的这群人，有着一种强烈的文化情怀，要为挖掘、整理、塑造、传播钱塘江的文化尽微薄之力，做出自己的贡献。

编撰“钱塘江故事”丛书是这群人的一种探索和努力。我们相信，该丛书的出版，有助于增加人们对钱塘江的了解，有助于丰富人们的文化生活，有助于增强钱塘江文化的外在影响力和文化软实力。

我们将以自己勤劳的双脚去丈量钱塘江两岸的崎岖路径，以敏锐的眼光去发现钱塘江流域散落的故事，以与众不同的思考去感悟钱塘江的文化特质，以鲜活的文字去表达钱塘江带来的无穷魅力。我们会专注那些有情感的故事，有品位的故事，有启迪的故事，有历史的故事，有回味的故事，让读者在阅读中体会钱塘江的好，钱塘江的美，钱塘江的厚重与钱塘江的温度。

“钱塘江故事”丛书将高度关注钱塘江流域村落的古往与今来，关注非物质文化遗产的传承与活化，关注历史艺术与当代艺术的生命与发展，关注民间风俗和风土人情的变迁与时尚，关注旅游和文化的融合与共生，关注每一个值得关注的历史细节与文化符号。丛书在讲究思想性、学术性、艺术性的同时，突出实用性、服务性、可读性，希望能成为爱好者的口袋书、旅游者的携带书、管理者的参考书。

我们带着朝圣般的虔诚，带着颤抖的灵魂，带着历史的使命做这样一件有意义的事。

虽然道路遥远，但我们已经起步。

是为序。

目录

龙　泉

披云山泉涌潮头

披云山，原名天师山，传说其名乃朱元璋降旨所赐。披云山位于浙闽赣三省交界处的龙泉市宝溪乡境内，为仙霞山脉中的著名山峰，海拔1680米。

披云山怪石　（一　心　摄）

据传，张道陵是西汉开国大功臣张良的后代。《汉天师世家》记载：汉光武帝建武十年（34），道教创始人张道陵生于天目山，出生前，其母梦见魁星下降，感而有孕。他出生时满室异香，整月不散，黄云罩顶，紫气弥院，后历经千锤百炼，果然成为汉天师之祖。他一生云游名山大川，访道求仙，曾游江西贵溪云锦山（龙虎山），并筑坛炼丹，三年丹成，后游龙泉名山，据说天师山（现为披云山）与天师张道陵也有些关系。

披云山有披云峰和圣泉峰，俗称“双胞峰”。披云峰，一峰之水注三江——钱塘江、瓯江、闽江，流三州——杭州、温州、福州，入东海。圣泉峰，峰中有一“圣泉”，被张天师封为“龙泉”，成为传说中永葆三江之水万古长流的“三江圣源”。

披云山怪石林立，万木葱茏，奇花异草遍布，令人叹为观止。登仙坛、观云海、望日出、看佛光，环顾林海，洋洋大观。每当红日西沉，苍烟暮霭初起，石披金装，粲然生辉。披云山有着十分丰富的自然景色和人文景观。

醉梦天师

传说张天师讲道祭天，常在青井村的天师楼。张天师好酒，布道之余常与村民对饮醉酒，故称“醉天师”。

有缘相遇，这次我也做了一夜“醉天师”。

那天，我们到达青井村的时候，天已经黑了下来，在那暗暗的灯光下，看到显眼的“醉天师”招牌，于是就在这家民宿住了下来。

“醉天师”民宿的老板姓叶，别看他年纪轻轻的，还不到而立之

醉仙楼是“醉天师”民宿中的一栋楼　（一　心　摄）

年，可已是龙泉小有名气的水产经营大户了。叶老板是土生土长的青井人，在温州闯荡多年，看到披云山文化旅游经济飞速发展，他不惜砸下重金，将自家老房子精心改造，取名“醉仙楼”。

叶老板热情好客，安排我们住下后，就上了一桌家常菜，还端出一坛土烧酒。我们由于多日没有喝酒，经不起诱惑，嘴馋病犯了。大家你一杯，我一杯，推杯换盏，循环往复，不知不觉两个小时过去，摇摇那酒坛，也没剩下多少酒了。我正要离席，突然叶老板的老父亲冒了出来，一定要与我干杯。说在19年前，他时任青井村村委会主任，曾经陪我上披云山考察。

一眨眼19年过去了，那正是2001年的春天，我第一次来到披云山下的青井村。记得来之前，天还下过雨，一条坑坑洼洼的机耕路，十分难走。从青井村到天师庙是条羊肠小道，且是上坡路，一会工夫我就全身出了汗，裤脚沾满了污泥。上披云山几乎没有路，杂草丛生，棘刺密布，稍不注意便有钩尖刺入，是老主任给我们砍柴劈刺引路，我们才能登上披云山顶。

酒逢知己千杯少，浓浓之情涌心头，19年后再相逢，非一醉方休哪能称弟兄。不知过了多少时间喝了多少酒，只记得迷迷糊糊走到房间，倒在床上就打起了呼噜，进入了梦乡……

只见那漫山都是红艳艳的杜鹃花，像一片火红的云霞洒落在披云山庙。张天师坐在正堂，传道讲经，教导五经。庙前庙后黑压压的一片，密密麻麻地挤满了人。徒弟们提着宝剑练着功，个个像咆哮之猛虎，一派硬功高手的气势。

只见那披云山顶石棺旁金光闪闪，如密布的星星照亮了整片石景，真是美极了！山上山下人山人海、热闹非凡，摘仙桃者有之，拾金子者

披云山奇石 （一 心 摄）

有之，腾云驾雾者有之。

只见那披云山下青龙峡的山谷冰臼——第四纪冰川遗迹，复活再现了。大花园的核心区域生动展现了恐龙兴盛时代的优美环境与和谐生态，而一条条青龙成了一头头恐龙，演绎着恐龙自由、洒脱、张扬、不羁的特性。

酒醒了，阳光从窗户透射进来，可是那一场场梦境仿佛仍在脑海中回旋，如诗如画，挥不走，斩不断，让我有一种飘飘然乘云欲归的感觉，使我沉醉。

醉仙楼的露台是民宿最大的亮点，可看山、看水、看云，也是观星星、看日出、拍照片的最佳取景地。站在醉仙楼露台上，远远望去，进村路口竹海滔滔、古树参天，薄薄的云雾笼罩着山峰，变幻莫测，宛若仙境，给青井这个小山村增添了无穷的魅力。

龙安财神殿 （一 心 摄）

走进茂密的竹林中，我们发现还有一座龙安财神殿，其上有一副对联“摇钱树金银满挂，聚宝盆昼夜生财”，逗得各方来客心中乐开了花。听说这殿是义乌的一位商人捐资建造的，颇有些文化艺术气息。

青井村是宝溪乡高山村的一个自然村，海拔1080米，年平均气温在20℃左右，夏天最高气温不超过30℃，凉爽的气候让它俨然成了天然大空调，是避暑休闲的健康养生胜地。

青井村是浙江省农家乐特色村，全村38户160人，于2007年开始发展农家乐，目前全村有33家农户挂牌营业。优美的生态环境，浓郁的乡村文化特色，是青井村从事农家乐旅游的绝佳条件，使其成为理想的自驾休闲游目的地。

圣泉叮咚

圣泉峰中“圣泉”，终年盛水，不枯不溢，多取多涌，不取不涌，有多深无人知晓。这里自古流传着许多美丽动人的故事。

唐乾符五年（878），黄巢农民军转战福建时，曾在天师山驻兵屯田，铸造兵器。其组织当地百姓垦殖荒芜的土地，所生产粮食主要供应福建前线；召唤铁铺匠人打造了10万把龙泉剑，成为农民军最先进的武器。

那一年，天师山人丁兴旺，热闹非凡。噼里啪啦、乒乒乓乓、丁零当啷、轰隆轰隆……掘地声、伐木声、打铁声、练剑声，响彻云霄，声音回荡在莽莽丛林之中。

那一年，时逢大旱，清凉的高原难以抵挡酷暑，七八月的天气骄阳似火，流金铄石。三江之源断流水，挖地十丈不见泉。义军正处在供水危急之时，突然从圣泉峰上下来一位采药老翁，背着箩筐，提着葫芦，吟着小曲，大踏步地朝兵营前方走来。义军官兵仿佛见到了救兵，齐刷刷地迎上去讨教求助。老翁把箩筐装的、手中提的几葫芦水都送给官兵享用，并告知山峰丛中有一“圣泉”，可解缺水之愁。

正所谓久旱逢甘霖，义军随老翁找到“圣泉”，从而解除了缺水的危机。为报答老翁送泉水之恩，义军草拟奏文，特向首领黄巢报告采药老翁之功。黄巢下令，封老翁为黄药师将军，并终身享受黄家俸禄。由此，黄药师将军（黄将军）闻名乡村各地。

义军撤离后，其所垦土地和所收税金均归黄将军管理与享用。

黄将军出身贫寒，为人厚道，情深义重，他把土地分给百姓耕种，并将村庄取名为黄田村。村民无不欢欣鼓舞，人人敬重他、爱戴他。

黄将军死后，村民给予厚葬，举行隆重的葬礼。至今，黄墓遗址依然存在。墓由圹井和墓室构成，为竖穴式，圹口长2.7米、宽1.4米，圹井深6米，墓室深3.3米，可惜墓室被盗，仅留下几块石碑。墓前建有一座庙，庙内塑有观世音菩萨和黄药师将军像。村民希望黄将军能救百姓于水火之中，普度众生，给人护佑。自古到今，黄将军一直受到人们的景仰和祭祀。

说起来，“圣泉”还与朱元璋有一段因缘。传说元朝末年的一个秋天，朱元璋低估了盘踞在福建省军事要地浦城的陈友谅部的兵力，亲自带兵去攻打。结果，朱元璋被打得四处逃窜。那时，朱元璋身边只剩四五个人，无路可走，便逃到闽浙交界的天师山避难。追兵亦很快追到半山腰。正当情况紧急之时，朱元璋得一老道士指点，躲进天师庙后一山洞之中。此时，山洞洞口突然狂风大作，乌云密布，瞬间便降下暴雨。此时，圣泉峰上那不枯不溢的圣泉突然喷涌，像一条水龙不停地从嘴里喷涌出水，倾泻在追兵前面，形成一条又深又长的水坑。追兵一下子似进了迷魂阵一般，再也找不到朱元璋，围了一天一夜后就退兵了。追兵退后，天师山顿时云消雾散，阳光普照。

在天师庙脱险后，朱元璋愈加笃信道教。在此后的征战中，他请道

圣泉峰中的“圣泉”　（一　心　摄）

披云山天师庙 （一 心 摄）

士周颠和张中随军为他出谋划策，并亲自撰写了《周颠仙传》。登上皇位后，他又称自己梦游天宫，见到“道家三清”，有太上老君授他“真人服”和“龙泉七星剑”，认定自己是“奉天承运”的“真命天子”，并撰写《御制纪梦》，以广为传扬。之后又赐名天师山为披云山，并作诗一首曰：“披云名山胜瑶林，相传唐代旧迹名。苍松翠竹环庙宇，圣石千姿更奇形。仙坛顶峰清泉滴，舍鹤风涛震谷鸣。相巨屏庭三箭地，石壁翰墨忆披云。”洪武三年（1370），朱元璋又降旨，给龙泉披云山赐银修庙，披云山由此成为浙闽赣边区五州十八县的道教圣地。同时对圣泉峰“约法三章”，任何人不得损害圣泉周边的一草一木，不得让外人随意观看，更不得向泉中抛投杂物。这眼圣泉必须由当地德高望重的长者管理，代代相传。如今，圣泉峰下的青龙峡之水，正被开发成“披云水”。

披云水富含锌、钙、钾、钠、偏硅酸等多种丰富有益的矿物质，水质呈天然弱碱性，有利于人体健康，被专家称为“会呼吸的水”。

喝一口披云水，刹那间，舌尖可感水路细腻，回味甘甜可口。披云水堪称“泉水之王”。

不灭窑火

2010年，披云山下的宝溪乡溪头村，3座百年龙窑在停烧了20余年后重燃窑火，再现昔日烈焰熊熊的景象，重现龙窑壮丽的风采。

龙窑是采用传统烧制方法烧制龙泉青瓷的窑场，从三国两晋一直烧到清末，窑火延续了1600余年，烧出了龙泉青瓷的明如镜、声如磬、青如玉。

到了清末民初，盛极千年的龙泉青瓷几近断脉。但一批土生土长的宝溪青瓷艺人，一直在家乡传承着龙泉青瓷的火种。

宝溪有着国内外最大的古龙窑群。随着岁月的流逝，时代的变迁，龙窑被煤气窑取代，逐渐淡出了人们的视线。幸运的是有13座龙窑保存基本完好。这些古龙窑大多建于民国时期，也有几座建于清代，与水碓、漂洗池、沉淀池等一起构成了龙泉青瓷传统技艺体验作坊。

2009年，龙泉青瓷传统烧制技艺入选《人类非物质文化遗产代表作名录》，成为全球陶瓷界首张“非遗”名片。这份至高无上的荣誉让宝溪这些高手艺人多了一份责任，那就是对青瓷传统烧制技艺的保护和传承。

关于龙窑，也有传说。古代有一位善良、美丽的姑娘叶青姬，她的父亲叶老大正带领窑工们为窑主烧制一批宫廷祭用瓷。但是，不知道什么原因，烧了一窑又一窑，尽出些歪头斜脑的废品。

古龙窑“不灭窑火” （刘华先 摄）

窑主发了怒，宫廷派来的监工更是恼羞成怒，扬言这最后一窑再不成功，就要把叶老大一家和所有窑工全部问斩。叶老大为此四处奔波，讨教烧瓷秘诀，但仍无良方可用。最后，他在回家的路上碰到一位老者，其相告：若要成功烧出祭用瓷，须以熊头猴身祭窑。

叶老大与窑工们背挂弓箭，手握宝剑，没日没夜漫山遍野地寻找，也难以找到熊、猴的踪影。眼看工期将到，窑主即刻点燃龙窑。

善良、刚毅的青姬姑娘，为了拯救父亲、家人和相濡以沫的窑工们，纵身跳进熊熊燃烧的龙窑，以身祭窑。

叶老大及其家人悲痛欲绝，呼天抢地也无法唤回女儿之身。说来也奇，出窑那一天，窑工们端出的青瓷，只只温润如玉、明滑透亮，“瓷鸣”之声清脆悦耳。大家都说这是青姬姑娘的化身。为了纪念青姬姑娘，窑工们称她为“九天玄女”，世世代代供奉在自己的窑场里。同时将贡品瓷器以龙泉方言称作“青瓷”，谐音“青姬”。

从此，龙泉青瓷的美名流传。每个窑主在点燃龙窑前，都要举行点火仪式。祭祀人员要先沐浴，备好牲口，摆好贡品，奏乐献礼，鸣炮

点烛，上香敬酒，祭拜“九天玄女”。有的窑主还会请锣鼓戏班，进行舞龙表演，现场鼓声雷动，十分热闹。

张绍斌一家是宝溪青瓷艺人中的代表。张家的生活变迁可以直观地反映出青瓷的发展传承需要依靠几代人的努力。张绍斌的曾祖父张星金在1918年创办了张义昌瓷厂，自建一支龙窑，以烧瓷碗为主。

20世纪二三十年代，张绍斌的爷爷张高礼与二爷爷张高岳历时三年之久，经过上百次的试验，烧制出一批质量上乘的艺术瓷品，被认定接近宋元时期的水平，一出窑就被许多外国人抢购一空。

抗日战争爆发后，许多窑厂停烧，高礼与高岳两兄弟依然坚持烧制。但在那战火连天的年代，青瓷艺术品根本无人问津。于是，他们将自己多年烧制的300余件精品青瓷收藏起来。可惜这些青瓷后来因故不知去向了。

张高礼临死前，将研究了一生的青瓷秘方传给了儿子张照辉，希望他继续从事青瓷研究。中华人民共和国成立后，张照辉继承了父亲的遗志，在龙泉瓷厂当了一名制瓷工人。之后张照辉之子张绍斌也开始学做仿古瓷，并与父亲共同研究出“金丝铁线”米黄釉青瓷作品，形成了自己独特的风格，做出了众多青瓷精品，成为一名中国陶瓷艺术大师。

张绍斌的儿女也接承父业，从事青瓷制作，女儿张英英已成为龙泉青瓷界的一名新秀；儿子刚毕业于江西景德镇陶瓷大学，有望成为知名制瓷艺人。父传子、子传孙，六代艺人代代相传，在龙泉青瓷界传为佳话。

九天玄女像 （刘华先 摄）

宝溪是一个非常神奇的地方，总能在青瓷衰落时延续其“血脉”，它不仅在清末和民国时期填补了龙泉青瓷历史上的空白，还在龙泉瓷厂恢复和当代青瓷发展的两个过渡时期发挥了重要作用。与张高礼一样，李怀德、龚庆芳、陈佐汉、张高岳的后人也将青瓷技艺一代代传承。

步入“金品古窑里”，犹如进入一个小商场，又像在参观一座博物馆，满屋的翠色映入眼帘，那一间间、一排排、一层层摆满的青瓷作品，让人眼花缭乱。各种酒具、茶具、文具，各类花瓶、花盘、花盆，四大菩萨、十八罗汉、三清天尊、四大天王、过海八仙，孔子、孟子等历史名人，大大小小、形形色色，应有尽有。仿古类器形，多以仿制春秋战国或秦汉时期的青铜器为主，气象万千，端庄肃穆。粉青、梅子青的日用瓷器，造型千变万化，色泽莹润，青翠纯正，将釉色之美发挥到了极致。开片是龙泉青瓷生产过程中釉面自然开裂的一种缺陷，本无审美可言，却成为五大名瓷之一——哥瓷的一大特色，受到历代官宦的推崇和喜爱。

87岁高龄的金品老先生从14岁开始就从事青瓷制作和龙窑烧制，吃了一辈子的泥土饭。“窑火相传，生生不息”是他最大的愿望。金老先生的儿子金朝军在制瓷上是半路出家，其在外“淘金”有20多年，但金老先生硬生生地把他拉了回来，让他守着这座祖传近200年的古龙窑，做一名骄傲的掌柜。

金朝军介绍说，烧一次龙窑，大约需要不眠不休连续工作24个小时，要烧掉废柴1万多千克，但成品率一般只有三成左右，无法与液化气窑相比。如果市场形势不好，销不出去，就得亏本。可是固执的老父亲始终舍不下古龙窑，穷尽一生默默传承千百年来的薪火。

而今，金朝军继承了老父亲的事业，不仅制瓷烧窑，开设青瓷展室，还开办了“古窑里”民宿，产供销、吃住行一条龙服务，生意做得红红火火。

“不灭窑火”让越来越多的游客慕名而来，了解龙泉青瓷传统烧制技艺，欣赏和体验龙泉青瓷这一文化瑰宝。

古龙窑瓷　（一　心　摄）

“瓷之国”是披云青瓷文化园中青瓷寻踪剧场的一个篇章　（刘华先　摄）

美名住溪

住溪，美如其名，因全村沿居在秀丽的乌溪江侧而得名。清澈见底的溪水穿过小村，汇入钱塘江；明清时期商旅的繁华印记尚未褪尽，近代史上又留下红军的足迹。

沿溪而建，傍水而生。在这里，更改的是时光，不变的是岁月陈酿下的乡风美德。

住溪村系住龙镇政府驻地，是全镇政治、经济、文化中心。这里重峦叠嶂、万木葱茏，原始林带保存完好，自然景观秀丽迷人，森林覆盖率为93.7%，素有“浙西南林海”之称。自古以来，住溪村保护森林有独特的方略：若有人破坏森林，轻者分馒头，要给每家每户分馒头，以示歉意；重者上族规，根据族规予以处罚。特别是改革开放以后，山林承包到户，村规民约明文规定，不允许任何人乱砍一棵树。

住溪人用数十年如一日的坚守，守住了这片美丽乡土。如今的住溪村，是一个生态环境良好、人民生活富裕、社会和谐、人民幸福的美丽家园。

这里也是重点革命老区。住溪村曾是中共龙浦县委驻地，早在1935年，粟裕、刘英率领的中国工农红军挺进师进驻浙西南时就扎根于此，开展了影响深远的革命斗争。红军在这里开展了土地革命，得到了群众支持。1935年9月，国民党反动派对浙西南游击根据地进行围剿，红军挺进师在这里与敌人进行了顽强的战斗。

如今，走过住溪村一条条老街，当年战斗的痕迹还依稀可见。回顾历史，那一次次勇敢的冲锋，那一声声嘹亮的呐喊，清晰得仿佛近在昨日。

八十多载春秋，战争硝烟早已散去，红军精神却依然代代相传。当时的苏维埃政府办公旧址、粟裕将军办公旧址以及中共特委旧址等已被改造成“红军学堂”，与村里新建的大礼堂连在一起，成为与众不同的“红色文化大礼堂”。为了缅怀红军先烈，当地居民保留了一条别具特色的红色老街。浙江省委党校将这里列为锻造干部的“教育培训示范基地”。

住溪村美，还美在村庄优美、村民勤劳。家家户户门前屋后种花栽树，摆放盆景，屋内屋外一尘不染，洁净如洗。按照传统习俗，每年腊月廿四这一天，家家都要掸尘大扫除，连门板墙壁都要刷得干干净净。有的家庭在端午节也要大清扫一次，并在室内四周角落洒上雄黄酒，意在除害辟邪。村庄沿溪两岸绿树成荫；溪边民宿林立，街道灯笼高挂；溪中鱼儿跳，溪上鸟儿叫，小小竹排水中游。武陵渔人所谓的“屋舍俨然，有良田美池桑竹之属”，此之谓也！

走进叶金兰家的院子，满眼皆是绿色生机，各具造型的树根盆景，有的像奔腾的马，有的像飞翔的鹰，还有的是那争奇斗艳的花朵，在风中含笑，在雨中歌唱。对盆景艺术的爱好，即是对美好生活的追求。叶金兰美化自家庭院，传播“美丽知识”，带头组建“美丽主妇”微信交流群。村里妇女几乎都入了群，每天在群里探讨花卉种养知识，发布自家庭院的新变化。

从“娃娃鱼世界”到占地1300亩的樱花公园，周志康的富民产业开展得有声有色。他与浙江大学合作，成功引进娃娃鱼人工繁殖技术，建设模拟山洞，让娃娃鱼在优美的生态环境中过上“野生”生活，并建成了龙泉市唯一一个大鲵仿生态养殖基地。后又借助乡村旅游发展契机，打造了华东最大的樱花景观森林公园。在1300亩土地上有26个不同品种

住溪山景　（刘华先 摄）

的樱花生根，发芽，开花，结果。

进入樱花林中赏樱花，那粉白色、淡黄色的花朵一簇簇地凑在一起，好像天空中的云朵，展示着自己美丽的舞姿。有的才展开两三片花瓣，像一个个害羞的小姑娘；有的满树盛开，露出娇嫩的花蕊。樱花千姿百态，圣洁如百合，清纯若荷花，娇艳似玫瑰，美得绚烂，美得张扬，让人心情舒畅、流连忘返。

遥望住溪，方圆百里，美不胜收。当地政府如今以住溪为中心，打造红色教育、绿色养生特色场所，大力发展乡村旅游。一个以生态美景养眼、清新空气养肺、绿色蔬菜养胃、红色传统养心、民俗民居养人为特色的区域旅游正在崛起。在乡村振兴战略的全面部署下，住溪必将成为钱塘江流域一朵奇葩。

陈荣高 文

淳 安

湖源流广　文脉绵长

眼下去淳安旅游观光，大多是去看那群山环绕、碧水深不见底的千岛湖。有诗赞道:

远望山锁岚，近看水澄怀。
晨风拂倦鸟，细雨扫尘埃。
一舟荡桨去，两船并辔来。
微澜乍起间，思越万重隘。

问湖哪得清如许？为有百川汇入来。造就千岛湖这泓清澈碧蓝的湖水的，除了发源于安徽省休宁县的新安江主流，还有诸多源源不断流入的溪河，如武强溪、桐溪、进贤溪（东源港）、凤林港、云源港等支流。山清水秀的美景固然让游客流连忘返，而流传或隐藏于这些崇山峻岭之中、百川千溪之间的诸多传奇故事和厚重历史文化，则更为引人入胜。它们犹如百年的醇香美酒，喝一杯让人甘之如饴、沁人心脾；犹如千年的芳香泥土，掬一捧让人闻之馨香、深情向往。

一人一龙

从开化县马金镇出发，循着两边青山对出的淳（安）开（化）公路前往淳安汾口，大约行驶15千米。首先映入眼帘的是一座村牌楼，牌楼前方左右摆放着两条二三十米长的草龙，显腾云驾雾之态，呈一飞冲天之势，这里便是有着500多年历史的淳安县汾口镇赤川口村。

赤川口坐落在千岛湖与黄山两大风景区的中间，自然景观优美，背靠苍翠象山，面朝山间田园，村旁有条赤川口溪，潺潺绿水逶迤向东流入武强溪，然后汇入千岛湖。赤川口历史文化厚重，村中尚存不少古塔、古桥、古墓、古庙、古亭、古阁楼、古民宅等古建筑，其中余氏家厅、龙门塔和余四山墓都为浙江省省级文物保护单位。村中还存有一条

赤川口余氏家厅，浙江省省级文物保护单位　（刘华先 摄）

草龙，是浙江省非物质文化遗产，每每在重大节假日和喜庆活动中闪亮登场，获奖众多，享誉海内外。

象山（即现赤川口）《余氏宗谱》记载，明成化十四年（1478）是农历戊戌年，余氏祖先始迁象山庄定居，繁衍发展至今。巧合的是，2018年立冬后，钱江源头文化考察组一行来到赤川口，正好也是农历戊戌年，只是相隔了540年。

赤川口是块风水宝地，物华天宝，地灵人杰。余氏家族尊崇孔孟之道，遵从程朱理学，坚守耕读传家。从迁居至今，人才辈出，代有硕儒，保存完好的“祖孙进士”“兄弟登科”“四世柏台”等匾额，足可见证村史的荣耀辉煌。其中名闻遐迩的当属“一人一龙”。

这“人”就是生在赤川口，人称文曲星的余四山。

余四山生于1533年，卒于1599年，名乾贞，字秉智，官至云南道监察御史。余四山为官清正廉洁、秉公执法，又乐于助人，平易近人，深受当地百姓爱戴，在四乡八里流传着许多关于他的故事。

余四山告老还乡后为余氏家厅题写“象贤堂”，意为赤川口村坐落在象山脚下，余氏家族应如大象一样忠诚厚道。现在悬挂在家厅明间的匾额，就是余四山当年亲笔所书。

余四山任职云南道监察御史期间，曾让一名年轻人冤情昭雪，从而免了死罪。这名年轻人三年后一举考中进士，官拜江苏军门，可他一直将救命恩人铭记在心，琢磨着该如何报恩。后获知恩人已告老还乡，遂报经朝廷恩准转任浙江军门。他上任浙江后，月内就来到恩人余四山的老家赤川口，不干别的事，只在村中一新房墙壁上画画，画的是某地的一座衙门。余四山的老随从看到后向其报告，说村里最近来了个陌生人，在墙上画了七天，画的好像是云南的衙门。余西山辞官回家后，平时足不出户，也不见外人，听了老随从的报告，脑海里浮现出当年的那个年轻人。莫非就是他？于是，余四山拄着拐杖来到了画画的地方。那位军门看到老者走来，泪水一下子夺眶而出，迅速扔下画笔跑过去紧紧握住余四山的手。军门为报答恩人，随后筹划建造了一座30多米高的报恩塔，即龙门塔。虽历经风雨近500年，但此塔至今依然矗立在龙门村北山脚下。远远望去，白色的塔身在绿树的映衬下，依然巍峨挺拔。

赤川口村东有座石拱桥，传说当年铺完最后一条石块尚无桥名时，恰好余四山进京赶考第一个登上此桥。站在桥上往西一望，恰如站在“人”字之上；向东远眺，万里晴空，秀山蜿蜒；近观桥下，溪水清澈，东流而去。之后余四山无论科举考试还是宦海仕途，都是一帆风顺，于是乡贤们就把此桥取名为“登云桥”，寓一步登天、青云直上之意。另外，斗印亭（斗印桥）、下马石和下马古道、余四山的墨和砚、赤川口村的形成、矗立在千岛湖水下狮城镇西门口的两座高大的牌楼等诸多胜迹和传说，无一不与余四山有关。

这“龙”就是为了纪念老龙出山不扰民而扎的那条草龙。

据传，明嘉靖三十年（1551）中秋前，遂安县一带连续几天乌云密布，电闪雷鸣，秋雨滂沱，导致田园成了一片汪洋。更让人害怕的是赤川口来龙山上出现了一种奇怪的叫声，尤其是到了晚上，让人听了毛骨悚然。村民躲在家不敢外出，只好在家里烧香乞求老天保佑。在一个伸手不见五指的黑夜，村民余四山梦见一条老龙来到他面前，说它急于出山入海，希望他次日一早组织强壮村民，在来龙山脚到赤川口溪的屋顶和弄堂里搭接好水笕，它要从水笕游到小溪直到大海，只有这样村民才能免遭灾害。年轻的余四山英俊魁伟，为人正直，深得村民信赖。第二天一早，余四山就把老龙托梦之事告知村民，并不顾洪水泛滥，组织身

龙门塔，也称报恩塔，坐落在龙门村北山脚下，浙江省省级文物保护单位 （刘华先 摄）

余四山墓，浙江省省级文物保护单位 （刘华先 摄）

强力壮的村民上山砍伐毛竹做水笕，他们用了半天时间就完成了水笕的搭接。到了中午时分，天果然放晴了，雨也不下了，洪水开始慢慢退去。那天正好是中秋节，受惊后的村民觉得这条老龙是条不扰民不害民的善龙，应该好好予以纪念。于是在吃了中秋团圆饭后，村民们踏着皎洁的月光，相约来到来龙山脚的出龙口，用毛竹、稻草、柴枝等材料扎了一条30多米长的草龙，并把带有美好心愿和希望的香火插在龙身上。祭拜后村民就开始擎龙起舞，舞遍全村所有的小巷弄堂，家家户户燃放鞭炮恭迎草龙，焚香点烛求福财、求仕途、求平安。这一舞，舞了500多年，赤川口代代传承，中秋节岁岁不断，舞龙成了远近闻名的一大传统文化习俗。

如今的赤川口草龙，不再是单一的广场舞蹈节目，而是具有深厚文化内涵的文化艺术活动，更是一项非物质文化遗产。2003年，汾口草龙获得众多荣誉：第二届杭州千岛湖秀水节大型文化踩街活动金奖，杭州风雅颂广场舞展演金奖，杭州西湖博览会狂欢节大型文化踩街活动金奖。2010年，汾口草龙参加上海世博会演出，在杭州城市日活动中精彩演出了3场，每场爆满，座无虚席，受到各国观众的高度评价，充分展示了草龙的精美风采和艺术魅力。

今天的草龙，可以说是身价百倍，誉满天下。走进村里的草龙展示馆，我们仿佛穿越历史来到了不同朝代，观赏着不同时期大小不一、形态各异的各种草龙，它们仿佛正在云蒸霞蔚、岚雾缭绕中翻飞腾跃。

三元宰相

千岛湖南面有个里商乡里商村，古时叫芝山村。这里的山峰不是很高，但苍翠的群山连绵起伏，环抱村庄；村前小溪里的水流不大，但清澈澄碧，不疾不徐地流淌在宽窄不一的溪床上，百折不回、千年不息地流向千岛湖。真是秀山碧水，地灵人杰。

山村育英才，宝地出能臣。这里是明朝著名政治家、思想家、文学家、书法家商辂的故里。商辂历仕明英宗、代宗、宪宗三朝，官至内阁首辅大臣。《明史》评其为“我朝贤佐，商公第一”。在商辂70岁时，朝廷送来特赠“太傅衔”的贺幛：“少保兼吏部尚书谨身殿大学士商辂，性资刚直，操履端方，三榜魁名，四海仰其文学，两朝内阁庶政，资以经纶。念其往劳可无褒奖，兹特赠太傅衔，进光禄大夫，谥文毅。”商辂人品高洁，功绩卓著，当朝及后世都给予很高评价，堪称中国历史上的一大贤相。

连中“三元”是指在我国古代科举考试中获得乡试、会试、殿试三种级别考试的第一名，即获得“解元”“会元”“状元”，这殊为不易。据有关资料，在我国1300多年的科举史上，三元及第者仅仅21人，其中文科状元17人，武科状元4人。浙江文化底蕴深厚，文风鼎盛，代有人才俊杰。就明朝来说，浙江就有两个三元及第的俊才，一文一武，一北一南，文科状元就是淳安的商辂，武科状元即永嘉的王名世。三元及第者都是人中龙凤，出类拔萃，但因各自的修养、品行、为政、著文、交友等不同，在历史上的影响也截然不同，有的勋业卓著、彪炳史册，有的碌碌无为、寂寂无名。商辂这位三元及第的明朝重臣是值得一书的。

里商村商辂三元宰相厅　（刘华先 摄）

商辂于明正统十年（1445）获得状元后即在京为官，至明成化十三年（1477）退休致仕，历仕英宗、代宗、宪宗三朝。其所处时期正是明朝由盛转衰的时期：内有宦官乱政，政治日趋混乱黑暗，社会矛盾进一步激化；外有强敌不时侵扰，边关常有战事发生，瓦剌军长驱直抵京城。在此内忧外患之际，商辂一直在京为官，经历了“土木堡之变”“京师保卫战”“夺门之变”等重大事件，政治环境十分险恶。尽管在天顺元年（1457）至成化二年（1466），商辂曾被罢职还乡十年，但后来依然被重新启用并担任重职，步步晋升成为三朝名臣，官至内阁首辅。尤其在明代宗时期，商辂为景泰帝之股肱大臣，运筹帷幄，为朝廷鞠躬尽瘁，以民为本，替百姓谋划福祉，在政事政务、整饬边备、经世致用、开源节流、任贤肃吏、安民恤民等各方面颇有建树，世人称之为“三元宰相”。

商辂获得解元、会元、状元并非一帆风顺，从第一次参加乡试到殿试获得状元，整整磨剑13年。据传，商辂出生时，有异象出现。当时，商辂的父亲在严州府任典史之职，母亲解夫人跟随居于官府中。其母分娩前一夜，太府尊李公忽然梦见天上喧哗热闹，彩旗缤纷，鼓乐齐鸣，恭迎一巨星至官府，醒后觉得十分惊异。次日薄暮时分，商辂出生。当晚太府尊在衙中休息，又忽见火光盛烛于天，以为发生了火灾，询问后发现并非失火，除了商典史刚生了一个儿子外，并没有别的事发生。而那时红光尚焰，并未散尽。李公大异，等到第二天升堂，叫人将孩子抱来一看，知非凡器，嘱咐道："这孩子长大后一定大有作为，要用心抚育。"

商辂少年时天赋异禀，博闻强识，才思敏捷，过目不忘。《商文毅公年谱》载：商辂父亲致政，商辂与家人及同乡一起到杭州武林门候迎，正好看到御史新出榜文，通告浙江钱粮数目，约有一万字，各自看过后就回到了馆舍。同乡拿出笔想凭记忆把榜文中的数目记录下来，商辂忙拦住说："我来背诵，你尝试写下来。"等到全部写完，恐有差错，又前去比对，竟然不差一字。可见商辂的记忆力超群，非一般人能及。可事有多舛，商辂在求学路上，曾三次名落孙山。

宣德七年（1432）八月，十九岁的商辂怀着一颗治国安邦的雄心，跋山涉水来到有"三秋桂子，十里荷花"的省城杭州，参加乡试，却出人意料地榜中无名。第一次落第，商辂并不气馁，而是更加努力刻苦，得到了岳母的大力支持和鼓励，其岳母特意给他买了一头驴作为代步工具，以节省上学来回的时间，因而当时人称商辂为"骑驴秀才"。

三年后，商辂再次参加乡试，功夫不负有心人，他终于夺得了乡试第一名——解元。按照当时的科举制度，乡试后的第二年，就要举行由礼部主持的全国性会试。荣获解元后，商辂丝毫不敢懈怠，积极备战会试。正统元年（1436）二月，商辂赴京参加会试，天不佑人，与第一次乡试一样，商辂再次落榜。商辂因为家贫想要去做教职，幸而欣赏他的副考官极力劝阻，并鼓励商辂继续参加会试，相信他下一次一定会夺得会元。商辂遵从考官教诲，勤奋自学，于六年后的正统七年（1442），千里迢迢第二次赴京参加会试，但还是不第。

两次会试名落孙山，商辂虽然心中苦闷，但意志并不消沉，雄心壮志不降。他决定在国子监太学静心读书，淬砺学业，专心致志学习四书五经。书山有路勤为径，学海无涯苦作舟。经过两年的奋发图强和老师的悉心教导，商辂学业突飞猛进。正统十年（1445），商辂第三次进京参加会试，终于获得成功，夺得会元。取得会元后，商辂参加由内阁主持、皇帝亲临的殿试，被当朝皇帝明英宗亲擢为第一甲第一名，即状元。

艰难困苦，玉汝于成。商辂从解元到状元，道路坎坷，整整经历了十年的风霜雨雪，其间还经历了二次落第的忧闷和失落。由此可见：再好的树苗，不经风雨无以为材；一流的天智，不经磨砺难当大任。

“三不朽”是指立德、立功、立言。唐人孔颖达对德、功、言三者分别做了界定：“立德谓创制垂法，博施济众”，“立功谓拯厄除难，功济于时”，“立言谓言得其要，理足可传”。用现在的话来说，“立德”系指道德操守，“立功”乃指事功业绩，“立言”则指著书立说并传之后世。“三不朽”是中国历史上千千万万仁人志士孜孜以求的永恒价值，但真正能达到“三不朽”的人屈指可数。商辂可算其一，他在立德、立功、立言三方面都颇有建树。

“立德”方面，商辂重视正心修身，他为人正直，一身正气。《明史·商辂传》中记载："辂为人，平粹简重，宽厚有容，至临大事，决大义，毅然莫能夺。"两次罢官，两度入朝，商辂淡然处之，视官位名利如浮云，重气节操守如生命。其《咏梅》诗："玉骨冰肌不染尘，雪霜深处倍精神。莫言岁晚无生意，南北枝头总是春。"可见其气节高洁，情怀博大。

"立功"方面，商辂为官三朝，奋发勤政。他所处的明朝中前期正值国势由盛转衰、由强转弱之时，他竭尽全力，励精图治，在"土木堡之变"、"京师保卫战"、迎回英宗等重大事件中表现突出，在平反英宗复辟时造成的冤假错案中厥功至伟。

"立言"方面，作为三朝重臣，商辂有许多上书、奏章、策对、咨文、疏稿、诗文等。《商文毅公集》较为完整地集中了他的"立言"，其中可见其思想理论、政治主张、政务策略、思维观念、为民情怀等，是商辂留给后人的一份宝贵精神财富。

一村一俗

淳安金峰乡朱家村有一世代相传、远近闻名的民俗，至今已有880多年历史，即家家户户在农历正月挑选最大的猪头，煮熟并经过精心装扮后，集中摆到祠堂举行隆重的祭祖仪式。场面宏大，村民咸集，热闹非凡，可谓一绝。

朱家村地处淳安西北山区的锦坑源头，四周群山簇拥，山势逶迤，钟灵毓秀，风光独特；村内山溪贯穿，流水清澈；溪边老街古屋，诠释着古老村史；溪上小桥横卧，映照出明月往事。当我们驱车来到村前时，却被一道两米左右高的土石墙挡住视线，无法看到古村之貌。村干部带我们顺着墙根往前走了一段路，右侧土石墙上突然显出一门，门边有一武将守卫塑像。透过墙门望过去，一座历史悠久、文脉绵长、文化厚重的古村映入眼帘。

据村民介绍，这道土石墙是朱家村人为抗击元军、保家卫村而筑，城墙门一关，元军很难入内，村民可安然生活。朱家村周围城墙拱卫，村内小桥流水，筑有黄色砖墙土屋，路上鸡犬相逐，一派田园山村景象。迈步老街，走在古村里，仿佛穿越到朱家村始祖迁此定居的宋末元初。

朱澮是朱姓家族迁徙到朱家村的始祖，也是宋朝理学家朱熹第四代孙。宋末元初，朱澮时任朝请郎，是一位七品官员，官职不大，官位不高，因任职有日，厌倦官场，又正遇改朝换代之时，为避元朝迫害，遂生退隐之心。

一日，朱澮偶步青溪锦坑源，被这里的锦绣山川所吸引，认为这是一块休养生息的风水宝地。随后，朱澮就带着家人来此隐居，过起了世外桃源般的恬静生活。朱澮带领村民建造祠堂庙宇，兴建“天台书舍”，教导朱氏子孙课读农耕，但必须摒弃一切仕途之念，因而至今当地仍流传着“锦坑源，弯又弯，只出能人不出官”的民谣。在千岛湖（新安江水库）未建之前，全村户主都姓“朱”，后来才有其他姓氏的移民迁入，所以朱家村是名副其实的。

淳安朱家村的猪头集中祭祖，是始祖朱澮从祖家徽州婺源迁到锦坑源时带来的，旨在不忘祖宗功德，祈求安居乐业，传承家训家风，弘扬朱氏文化。但这一习俗直到明朝初年才开始兴盛起来。相传，朱元璋打下天下当了皇帝后，很想和徽州婺源的朱家认同宗，因为那是朱熹的故里。朱元璋想认宗，无非就是想给自己戴个出身高贵的花环。一日，朱元璋御书“紫阳世家”匾额一块，特派礼部侍郎送往徽州朱家。那时陆路交通不便，到徽州须走水路，从杭州坐船溯新安江而上。也许是礼部侍郎常年在京不识地方，在船行至锦坑源口时，他见源里有人扁担上挂着书，一边走路一边读书，甚觉奇异，便登岸问之，一问正是朱家村的朱熹后代，于是就把御书匾额送到朱家祠堂，挂好后返回应天府复命去了。当朱元璋听闻匾额送的不是徽州的朱家村后，并未责怪礼部侍郎办事不力，反而说：“我姓朱，他们也姓朱，都是朱熹的后代，都是一家。”而淳安的朱家村人因皇帝开金口认了本家，并送了“紫阳世家”的御匾，认为这是光宗耀祖的莫大殊荣，为此全村朱姓子孙都要到祠堂

淳安县朱家村祠堂 （刘华先 摄）

集中祭祖，遂形成一大习俗，每年正月都要举行，世代相传，至今不衰。

欣赏朱家村猪头集中祭祖的习俗，不仅要亲临现场观看和感受氛围，而且要提前几日去观看准备的全过程，如此才能领略到猪头祭祖的文化内涵。据村干部介绍，猪头集中祭祖需要把握好祭前准备、祭祀仪式、祭后活动三大环节。

第一大环节是祭前准备。猪头祭祖在每年农历正月初六举行，而准备工作早就开始了。先是祠堂的准备。每年祠堂头首（值年的人）都必须在除夕前，把朱氏祠堂打扫得干干净净、一尘不染，张灯结彩，贴上春联，挂好朱买臣夫妇、朱熹夫妇、朱澹夫妇等“太公”“太娘”的画像，以及龙、虎、鱼等画像。大年初一早晨，祠堂首先开门并燃放爆竹，之后各家各户才可开门，此时全村鞭炮声四处响起，这已成为朱家村世世代代传下来的规矩。初五祠堂头首负责人召集村民组成一支队伍，擎着“肃静”“回避”的牌子，一路鸣锣开道，锦旗招展，鞭炮齐鸣，威严壮观。其浩浩荡荡前往祠堂，用做工精湛的古轿子把供奉的祖宗抬往坛丰殿，净手烧过香纸，再抬回祠堂，摆好供桌，以待各家各户的猪头入祠摆放。再是猪头的准备。初五晚上各家各户煮猪头，大街小弄弥漫着从每家厨房冒出来的肉香白气，真让人垂涎欲滴。煮猪头须按规定时间统一开煮，各家各户不得各行其是。午夜十二点，祠堂头首第一次敲响铜锣，静候铜锣声的家家户户开始煮猪头。初六凌晨三点，第二次锣声响起，各家开始装扮猪头。装扮时会在猪头上盖一小块红布，上面撒些盐，以示年年有余（因“盐”与“年”在当地方言中发音相近）。还会在猪鼻孔里插上一片叶子，当地人称其为“万年青”，寓意万古长青，长长久久。

还有的会在装猪头的篮子里放一把菜刀，以方便祖宗享用。此外，有的还会根据自己的喜好，在篮子里放些粽子、橘子、鲜花等来装饰。除装扮的东西外，各家还会把猪肠子、猪尾巴挂在猪头上，象征全猪。凌晨四点，第三次铜锣敲响，各家大门豁然洞开，村民们犹如战壕里的战士听到冲锋号一样弹跃出家门，霎时每条街弄都涌出一股排山的人潮，村民或捧或提或挎或挑着精心装扮好的猪头，身上带着香纸、鞭炮，争先恐后地奔向祠堂，都想第一个到达，把自家的猪头摆到供桌的最前面，烧头香，图吉利。村民在前往祠堂的路上相遇时，都似陌生人，不开言不问候，据传相互说话是忌讳的，唯恐对祖宗不敬。

第二大环节是祭祀仪式。各家各户把猪头摆放在朱氏祖宗像前的供桌上开祭。此时，祠堂正中挂着的“太公”“太娘”像，似乎正微笑地看着后代子孙，旁边立着“肃静”“回避”的牌子，显得庄严肃穆。先是焚香点烛，对着四个方向祭拜：一是中间，祭拜天地；二是正上方上横头，祭拜“太公”“太娘”朱买臣夫妇、朱熹夫妇和朱澹夫妇；三是左边，祭拜香火神牌；四是右边，祭拜祖先牌位。结束后燃放烟花爆竹。整个祭拜过程中，大家十分严肃，互不说话，而祠堂头首们一直敲打着锣鼓，鼓乐队演奏着民间乐曲“三吹三打”，气氛既热闹又庄严。祠堂祭祀结束后，村民一般都要到村脚坛主殿去祭拜，有些村民还要到村外五神殿去祭拜，然后再返回祠堂。初六午饭后，下午一至三时，再次响起锣鼓，燃放鞭炮，焚香点烛，全村各家陆续到祠堂提拿猪头，到自家祖宗坟上去祭拜，

山溪从朱家村中穿过　（刘华先 摄）

完毕后才能把猪头拿回家，供奉在堂前的上横头，一直供到元宵节才开始掰吃，这个年也才算真正过完。

第三大环节是祭后活动。祠堂祭祀后的整个上午，各家各户供摆的百余个猪头，整整齐齐摆满了十余张红漆八仙桌，红绿相间，鲜花点缀，吸引了本村和邻村村民，以及外来游客前来观赏，不时还可听到有人议论评价，说这家的猪头大，那家的猪头装扮得好看，真是让人赏心悦目。

1985年，为鼓励村民勤劳致富，多养猪、养好猪、养大猪，弘扬农村新风尚新文明，增进村民间的团结和谐，以示对祖宗更虔诚、更敬重，村里举行了猪头大赛，此活动得到全体村民的积极响应，现已成为猪头祭祖的压轴戏。举行猪头大赛，要先组成评议小组，由族长带头组织祠堂头首、村里有威望的人参加。初六上午，评议小组来到祠堂，一阵烟花爆竹后，族长宣布猪头大赛隆重开始，此时锣鼓敲响，评议小组选择大点的猪头加以称重，边称边喊重量，大家齐声附喊，呐喊声伴随锣鼓声响彻整座祠堂。评议小组按重量和装扮，分别评出最大的猪头和装饰最精美的猪头，分出一、二、三等奖和鼓励奖，并当场举行颁奖仪式，由族长分别颁发礼品、红包，或派送年画。此外，参加祭祖的每个猪头的主人均能获得统一的红包，以恭贺大家新年吉利，也是对每个养猪农户的肯定，激励大家祭祖的热情和来年参与猪头大赛的积极性。

初六下午，村里还有戏剧演出、舞狮、跳财神、玩杂耍等活动，可以说，这一天是朱家村人最隆重的节日。当然，晚上全村人还要到祠堂吃“团聚酒”，也称“喜丁酒”，即上年生了小孩的人家，都要自酿糯米酒请全村人来喝，分享添丁增人的喜悦。大家猜拳行令，热情高涨。祠堂头首还会把龙灯头里用过的蜡烛和龙头上拔下的龙须、龙鳞，敲锣打鼓送到上年生有小孩的人家。生孩子的村民更是兴高采烈、喜笑颜开，燃放烟花爆竹，热情招待迎接。这已成为代代相传的习俗，也是传承优秀传统文化的具体形式。

郑新浦 文

开　化
芹江过城去　金水自东来

钱塘江源头在开化，这已经成为常识。然流经开化的源头之溪叫什么名却并非众所周知，诗云：

源头有仙水，仙水一溪金。
流到城关段，潺潺化作芹。

金溪就是马金溪（又名金水），是从黄谷乡下湾东来流入的支流村头溪，而流经市区城关段的叫芹江。“芹”“金”谐音，“芹”可食而“金”不可吃，民以食为天，故将人多的这段“金溪”称为“芹江”，而且江比溪大，也寓意兴旺发达。芹江在城中过，夸赞的人就多一些。有的把她比作山城开化的一位名门闺秀，清纯秀丽，娴静温婉，说她美得落落大方，美得光芒四射，美得无处藏身影；有的把她比作开化人民的母亲河，说她拥流北至、绕廓南去，一江碧水清清静静地流淌着，不见疲惫，不见辛劳，终日唱着欢快的歌；也有的描写她江面宁静，水波盈盈，碧水倒映青山，青山映衬绿水，风景美如画。

细雨霏霏中的芹江，山峦岸影依然清晰　（刘华先 摄）

金溪有一个美丽传说：很久以前，钱江源头的这条重要溪流，流水清澈见底，两岸绿树成荫，沿溪山头四季常青，野菜茂盛。只可惜溪中有块巨石阻隔，连年水灾不断。天灾又加人祸。那时有个横行乡里、无恶不作的恶霸，买了个官爵，坐着官轿四处游山玩水。一天，他正好来到这条小溪旁，看到溪边小山上有个拎着竹篮的姑娘正在那里低头挖着野菜。他心想：我六房姨太都没有给我生下一男半女，今天好运，遇上这么俊美的姑娘，正好带回去做第七房。主意一定，他就命随从们停轿，将姑娘带走。

随从们刚将姑娘强拉到轿边，就听有人喝道："慢来!"随着喊声出现一位白发老太，拄着拐杖挡在轿前，责问道："为百姓官，不为百姓事，却在光天化日之下抢劫民女!"恶霸见是一位老太，笑道："你是谁! 当心你的老骨头。"老太太冷笑道："我叫马金老太，这是我的孙

溪头支流清如许，岸边农舍高楼起　（刘华先 摄）

女。”恶霸哈哈大笑：“果真是你的孙女，我就对你实说了吧。我看这姑娘聪明漂亮，想带她进府做个丫头，让你这穷老婆子也沾沾光。”马金老太说:“叫我孙女跟你进府不难，得先依我一条!”“要金，还是要银?”“一不要金，二不要银!”“那要什么?”马金老太指着溪中的巨石说:“你若能将它搬走，你就把她带走。”恶霸一听:“哼！你这穷老婆子，分明是在戏弄本官。把姑娘带走。”只见老太拐杖一横，喝道:“慢！我笑三声，将石头搬走。你把我孙女留下。”恶霸虽惊讶，但还是冷笑道：“来吧！”

只见马金老太不慌不忙，清了清喉，直接对着巨石大笑。第一声，巨石摇了几下；第二声，巨石跳了几跳；第三声，只见那巨石飞了起来，一会儿就无影无踪了。随从们吓得面无血色，知道遇见的不是凡人，而那恶霸则骨头一软，从轿里跌了出来，一个劲地磕头求饶。随从们见状忙把恶霸塞进轿子，一溜烟跑了。这时，姑娘知道是神仙救了她，正想跪下谢恩，却发现老太太早已没了踪影，抬头一看，只见一朵彩云沿溪向下飞去。后来，人们为了感谢马金老太搬走溪中的巨石，救了姑娘，就将这条溪叫作“马金溪”。

民国《开化县志稿》记载，马金溪从七里垄头的大淤到县城可航行载重2.5吨的木船，县城至华埠可航行载重7.5吨的木船，华埠镇以下可航行载重12.5吨的木船。如今的开化，已经不靠水路交通。但“自古开阳偏僻地，屏山芹水萦萦”，“秋登北岭看新城，高桐十里碧，江上四桥横”（引自余宝义《临江仙（自古开阳偏僻地）》）。水，依然是开化之根、开化之魂。

金星银杏耀华埠

进入开化南大门，迎面就是始建于唐朝末年的千年古镇——华埠。此镇因商埠名，是马金溪、池淮港、龙山港三溪汇流之地，也是浙西通往皖南、赣西北的水陆交通要道，是兵家必争之地。清朝时设华埠营于此，附近物产颇多，自古商业发达，素有“浙西小上海”“钱江源头第一埠”的美称。华埠镇是开化县重要的对外窗口，也是县域工业经济强镇和商贸重镇、全国小城镇综合改革试点镇、国家级经济综合示范镇、浙江省中心镇。

华埠镇有颗“明星”，叫金星村。村文化广场上，一株古银杏树随时都会吸引你的眼球。古树冠如华盖，已有千年龄，树高37米多，树围近7米，冠幅达460平方米。传说，当年该村夏姓族祖夏史烈为避黄河水患，从原籍河南一路南迁，来到此地歇息，感觉这里山好水好人好，便

金星村传奇的古银杏树 （刘华先 摄）

将山上一株野银杏移栽于此，视其死活来定去向，若银杏成活即定居于此村。此树原已成枯木，但奇怪的是，改革开放后忽然又活了，长出了新枝叶。有记载，这棵银杏树1993年经人工授粉，产果330千克。前些年，有迷信者认为此树树皮可治百病，来偷剥树皮的人不少。2006年正好省委书记到这里考察，看到这个情况后与村里干部商议，对树进行培土围护，将树保护起来。如今，这树根深叶茂，村民们日常都会到树前走一走。

金星村依山傍水，环境优美。近年来，金星村坚持走“村美民富、自然和谐”之路，打造“秀美山水、休闲金星”，已经建成3000平方米休闲公园、万米环村江滨绿色休闲长廊、7000平方米生态停车场、1500

平方米村口公园、500米香樟大道、300米银杏大道和休闲古埠头，文化礼堂的大型农家乐一次性可容纳500人用餐。村里还建有老年活动室、青年娱乐中心；成立了平安促进会，邻里和睦相处，迷信、邪教、赌博无处藏身，几近绝迹。金星村已成为远近闻名的省级新农村建设示范村，是名副其实的“金星”。金星村主要收入来源于林下经济，全村拥有生态公益林5765亩，森林覆盖率达87%，既是天然氧吧，又是开源宝库。村里家家有林，户户有茶，全村名茶面积800多亩，仅名茶一项每年就为全村带来700多万元收入，实现了“人人有事做，户户有收入”。好山好水好风光，让这个普通乡村透着浓浓的诗画江南韵味，变身为旅游热门地。现在九成以上村民从事旅游及相关产业，村民人均收入近3万元，乡村振兴的底气更足了。

沿途不仅有美景，一路墙上还有不少没有署名的美诗文。一首名为《四野环青》的诗曰：“绿畴春雨遍嘉禾，消受林泉一碧波。昨夜晚风桃片落，等闲若得锦凝蓑。”有写与水相连的，也有咏与山有关的，如《东山樵径》曰：“别开一径上岗峦，樵子应磋行路难。叶落枝头风自扫，苔沾屐齿露方干。”还有咏银杏王的，不过这首用的是新韵，诗言：“又见金风绣锦杉，一生炫彩最开颜。虽惜迟暮才圆梦，终把辉煌戴桂冠。”在一家名为“深渡人家”的农家乐斜对面，一首《深渡渔灯》落在徽派建筑的白墙上：“荻火初烧嫌雨湿，箬蓬偶破虑风穿。深宵尚有残灯在，妇子喧哗正未眠。”不过此时正值午间，没有喧哗。

走进店堂，迎面墙上挂着一幅书法作品，看来已有些年头，仔细一瞧，原来是高而颐老先生所书：“钱江源有古津口，深渡风光独显牛。银杏鱼鲜尝一勺，神仙也想席间留。”题款：“开化钱塘江之源头华埠镇北，有深渡人家独创乡间名菜银杏鲜鱼，故记之。”

席间落座，我依然沉浸在诗里，一首《清溪渔乐》涌上心头：

妆成饷妇青衫短，鉴得渔翁白发多。

利我农人真莫限，晨昏共听桔槔歌。

桔槔俗称“吊杆”“秤杆”，是古代农用工具，也是一种原始的汲水工具。商代在农业灌溉方面，开始采用桔槔。桔槔始见于《墨子·备城门》，也作“颉皋”，是一种利用杠杆原理取水的器械。其结构是，用一横木支在木柱上，一端用绳和竹竿挂住水桶，另一端系重物，使两端上下运动来汲水。有一首留传的《桔槔歌》是这样唱的：“村无黄金无钻石，专种莳苗菜满坡，桔槔是咱传家宝，代代相传歌成河。”

众人正在津津乐道书法，忽然一阵香气扑鼻而来，引得大家胃口大开，原来是“银杏鲜鱼”。说到鱼，也有个传说。相传当年朱元璋与另一支农民武装陈友谅在九江交战后兵败，逃到开化古田山避难，住在凌云寺内。陈友谅将古田山团团围住，料想山中无粮草的朱元璋一定会投降，没想到这古田山凌云寺有田有米有水有鱼，而且聪明的军师刘伯温在大水来时，故意将山下买来的几斤重的大鱼和山上的鲜稻草放入山溪随水而下，陈友谅看到山上流下的新鲜鱼和稻草，心想山上有粮有草还有鱼，围困无望，只好退兵。

诗意神雕醉林山

开化境内的第一高峰，是海拔1453.7米的白石尖，又名白马山，光绪《开化县志》载：“下有凹如马状，故名，亦名白石尖。”据说在秋高气爽时，登上白石尖，可以观看千岛湖的山光水色。此山岭属千里

大桥下洗拖把的妇女　（刘华先 摄）

岗山脉，其海拔1200米以上段有黄山松在怪石绝壁上依势生长，刚毅挺拔，造型奇特，富有艺术魅力，是莫言口中的“神仙境”。若是登山，可见苍翠秀丽的奇松、天然形成的奇石、变幻莫测的烟云、流连忘返的丽景。

千里岗山脉起于开化正东面的林山乡，也是淳安、常山、开化三县的交界处。林山乡集镇所在地距离县城只有18千米，以往街道年久失修，水泥路面坑坑洼洼，只能单车通行，严重影响村民出行和日常生活。沿街房屋墙面剥落、窗户破损，蜘蛛网似的电线杂乱无章，还有各种乱搭乱建，实在有碍观瞻。进入21世纪，林山乡的面貌有了大变样。政府累计投入上千万元，实施外立面改造、线路“上改下”，路口景观、沿河景观建设，新建停车场和公厕等项目10余个，乡容乡貌得到全面改观，群众的幸福感和获得感不断提升。

眼前的景象令人欣喜：宽阔整洁的柏油路穿乡而过，白墙黑瓦的民

溪边洗衣的老人，做伴的白鹅和鸭　（刘华先 摄）

房整齐地矗立在路边，村民坐在屋前聊天，悠闲自在。干净、有序、漂亮、恬静，林山乡有了集镇该有的模样！

这些新变化来自上级党委、政府的正确领导，来自干部、群众的自觉行动，也来自各方面的支持合作。驻镇规划师每月两次进驻林山，做好决策“建议人”、项目“把关员”和实施“协调员”，在整治工作中全方位融入了便民、利民、惠民的“设计点”。如在集镇设计中巧妙地融入当地文化，集镇入口处的浮雕体现了林山乡根雕、红色文化、白石尖、杜鹃花等特色文化。

林山乡集镇所在地正好位于马尪溪和舜山溪交汇处，是通往裸心源景区和昙华谷景区的交通要道。因地制宜地打造风貌协调、个性鲜明的城镇，需要完善规划方案，深挖山水肌理，理清历史文脉，展现林山的特色亮点。如裸心源度假酒店，是县里的一个优质招商引资项目，计划固定资产总投资5亿元，选址就在林山乡禄源村。

禄源村在马尪溪畔，溪水经村而过，是一个人杰地灵、绿树成荫的村庄。禄源村组建于2011年4月，由原林山乡田后、外徐、琅川、梅岭四村合并而成。梅岭是第十一届浙江省政协委员、浙江省工艺美术大师徐谷青的故乡，禄源也就成了浙江省非物质文化遗产徐氏根雕的发源地。

裸心源度假酒店项目由上海山里人文化发展有限公司建设。该项目按照“释放情绪，回归自然，养身养神，怡然开心”的设计理念，规划保留修复现有民宅，利用自然山谷点状式布点，拟建设入口游客接待中心，中、西、日式餐厅，将村落改造成民居式客房、独立小圆屋、山顶套房等，共提供200余个床位，此处还将建设根雕博物馆、民俗展示馆、会议中心、水疗吧、泳池等综合服务配套设施，力争建设成为莫干山裸心谷高端度假酒店的“姊妹篇”。该项目建成后将成为国家东部公园乃至华东地区文化旅游度假的一张金名片。

晚上住在“醉根山房”。其坐落在徐谷青先生的根宫佛国文化旅游区内。说起开化根雕，可以追溯到唐代。根雕兴起于唐代，后受佛教文化、徽派建筑和家具雕刻技艺等影响，经过1000多年的演变发展，逐步形成了融根艺、佛学、美学、生态学于一体，具有独特艺术魅力的根雕文化，被列为浙江省非物质文化遗产。根宫佛国文化旅游区是目前国内以根雕为主题的规模最大、工艺水平最高的国家文化产业示范基地，拥有大型系列根雕作品2000余件，其中最大单件作品重达40余吨，景区所在的根缘小镇被列为“2017中国十大最受欢迎旅游小镇”。

2018年夏日，20多位全国诗联名家齐聚“醉根山房”，在醉云阁国际会议中心参加第四届（戊戌）醉根诗会，会上宣布成立醉根诗社。诗社以“遵纪守法，立足根宫。湖海嘤鸣，声气相通。以友辅仁，敬事而忠。弘扬诗道，重振国风”为宗旨。会后，诗人们在根宫佛国、钱江源国家公园等地采风。诗性世界，天人合一，外在形态，内化情感，浓缩提炼，艺艺通感，术形共情。“峰高湍急作雷鸣，喷雾飞珠听有声。我寄流泉唯一语，出山莫改在山清。”此诗作者通过描写瀑布的声音与状态，表达了自己激浊扬清的高洁志向。

夜宿“醉根山房”，听到一个醉人的喜事。钱塘江畔的下淤村荣获2016年度“中国十大最美乡村”称号，是浙江省唯一上榜村庄。于是，这个依山傍水，房处花中，人在景中，美不胜收的村庄，吸引了众多游客慕名前来。下淤村确立了“水岸风情、休闲下淤”主题形象，打造“水清、岸绿、景美”的生态河道，生态旅游休闲园光芒四射，游人如织。村里仅一条水岸的租金，就为村集体带来可观的收入，“绿水青山就是金山银山”在这里得到了很好的诠释。

黄金水岸，获评浙江省十大“最美家乡河”、十佳“经典绿道”、十大“最美绿道” （刘华先 摄）

风清茶香伴金溪

钱塘江源头知多少？也许无人说得清楚。其最长最大的发源地一直存在着南源和北源的说法。最早是《汉书·地理志》上说，浙江“水出丹阳黟县南蛮中”。后来郦道元在《水经注》中也认同了这一说法，此后人们一直把新安江上游安徽休宁作为钱塘江源头。直到20世纪30年代初，人们发现钱塘江另一条干流衢江及其上游的流域面积更大，年均径流量也远远超过新安江。按照国际地理学界确定河流源头的三个要素，即流长、流量和流域面积，南源超过北源。故1997年新华社报道称“钱塘江源头出自浙江西部开化境内”。其实，此前1979年《辞海》已有明文记载：“钱塘江，旧称浙江，浙江省最大河流，上游源出浙皖赣边境的莲花尖。”

莲花尖坐落在开化西北的齐溪镇白际山，海拔1145米，和开化县最高峰白石尖遥遥相望，山势巍峨挺拔，景色秀丽。相传很久很久以前，这里原先只有几条小沟，没有这样的高山，在现在的山脚位置有个石洞，洞深莫测，时常有红发妖怪出来喷云吐雾，施展妖力。其所到之处，不是发旱灾就是发涝灾、瘟疫，弄得周围百十里的乡亲们过不上安宁日子。不少有志后生带上各式武器来找妖怪算账，可每每力不从心。过了九九八十一年，恰好观音路过此地，闻到一股冲天妖气，看见底下焦土冒烟，稻苗干枯，满山白茫茫的骷髅，不禁按下云头一探究竟。她摇身变成一名小尼姑，正想找人问个究竟，突然石洞里冒出一股红烟，随后一个红衣红发的老翁走了出来，不等小尼姑开口，便拔出宝剑冷笑一声：“嘿，好久没尝到人的滋味，今朝老爷我又开荤了。”但见小尼姑不慌不忙，悄悄从怀中取出十根金针，突然抛出，扎向老妖前后左右要害之处，红发妖怪被刺得眼冒金星，浑身打寒战，等不及叩头饶命，金针已变成一个莲花盘。小尼姑还原成观音，厉声道："汝等在世作恶多端，吾今朝将你压于山下，要你弃恶行善，万古千秋为世人谋幸造福，修道改过，不然，终世不得翻身。"只听"轰"的一声巨响，东方飞来一座高大的山峰，不偏不倚压在妖怪身上。从此这里便成了莲花尖。

莲花尖下有莲花塘、莲花溪，先前这儿有一座较为壮观的尼姑庵，人们称之为"莲花福地"，住着一位颇有道行的老尼姑。后来随着雨水的沉积，尼姑庵慢慢下沉，渐渐变成水塘，人们起名叫莲花塘。莲花塘现为沼泽地，属国家东部公园金溪桃韵景区，有80余亩，沼泽地上林木为阔叶针叶混交林，由于植被茂盛，集雨充分，常年不涸。

土蜂箱也是一道风景 （刘华先 摄）

山前，有全国人大常委会原委员长乔石题字的“钱江源”碑。上莲花尖的路铺设了石级踏步，分东、西两线，可以直通山顶。一路上，你会沉浸在天然氧吧中，让新鲜空气洗洗肺，这里的空气中每立方米负氧离子含量是世界卫生组织认定清新空气标准的10倍之多；你可以在峡谷深处听空山鸟语，观石上清流，嬉溪中野鱼，让明媚的阳光晒晒背；你还会欣赏到涧水在乱石间奔突汹涌，仿佛朵朵白莲，山坡茶园里一垄垄茶树，宛如一级级台阶，铺向蓝天。若是秋日，水杉红得像熊熊燃烧的火把，银杏则一身金黄亮丽的艳装，只有那常绿的茶树依然郁郁葱葱。闻名遐迩的开化佳茗龙顶，就出在这钱塘江源头周边的山上。

位于北纬30度地带的开化龙顶茶区，位于中国绿茶“金三角”的核心产区。“晴日遍地雾，阴雨满山云”的气候，成就了开化龙顶“干茶色绿、汤水清绿、叶底鲜绿”的“三绿”特征和“好看、好闻、好喝”的“三好”特点。开化龙顶是明清时期的贡茶。“源头出龙顶”，源头因茶而兴，百姓因茶而富，开化因茶而荣。

开化龙顶曾先后获得“浙江省名牌产品”等省部级以上荣誉100多项，并成功蝉联“浙江省十大名茶”荣誉称号。在2016年中国农产品区域公用品牌价值评估中，开化龙顶品牌价值为18.95亿元，入选中国农产品区域公用品牌价值百强。一杯开化龙顶，美了一方山水，富了一方人，因此当地便有“一江挑二龙”的说法：“江头出龙顶，江尾采龙井；送人送龙井，自己吃龙顶。”

莲花尖下还有一个美丽传说。传说这里是观音的修行福地。一天，观音要去庆贺王母娘娘寿诞，嘱咐童子照管好山间潭中正在修炼的小白龙，特别是要按时喂食。哪知童子为莲花尖上的美景所陶醉，玩得忘了给小白龙喂食。小白龙在潭中饥饿难耐，躁动不安，来回翻滚折腾，一

在农家乐里喝上一杯龙顶，开胃润肺　（刘华先 摄）

不小心跳将出来，顺着溪流朝山脚下游去，不承想一直游到了东海。因为小白龙一直跟观音学法，已掌握了一定功力，而它一路游滚过的地方，就成了今天的钱塘江。小白龙在东海长大后，不忘观音恩德，每年都要从海里回来看看。这就成就了每年农历八月十八日的天下奇观——钱江大潮。

齐溪镇龙门村已有500多年历史，四面环山，依山傍水。清澈的龙门溪由九条小溪汇聚而成，呈“S”形穿村而过，汇流在村西北百尺深潭内，深潭两岸峭壁形似龙门，故有“九溪龙门”之称，寓意鲤鱼跳龙门。站在山顶俯瞰，整个村庄犹如一个太极八卦图。村民自古习太极，一代传一代，人人都会打太极，因此龙门村也有“太极村”之称。九溪龙门现在是一个景区，拥有桃坞回春、隐龙谷、老龙源等自然景点。全村森林覆盖率高达93.5%，负氧离子含量高达20000个/立方厘米，村里保留有84处较完整的古建筑，其中9处为清代建筑，如鸣凤堂、溥源堂

景区的摩崖石刻“九溪龙门”，为浙江省书法家协会副主席赵雁君先生所题　（刘华先 摄）

是文物保护单位。

现在，龙门村已成为国家AAA级景区、浙江省养生养老示范基地，被誉为“九溪龙门太极村，江南土楼黄金屋”，并荣获“浙江省美丽宜居示范村”等多项荣誉。

为了打好“九溪龙门太极村”这个旅游品牌，龙门村成立了开化县九溪龙门旅游开发有限公司，盘活村集体资源，保护好优美的生态资源，恢复“溪环玉带”“龙潭虚泽”等龙门古八景，并将太极健康文化、红色文化、生态食材文化、诚信文化等融入美景之中。

龙门村以乡村休闲旅游为主导产业，自创出一套“1+X”结对共同致富模式，通过一个民宿（农家乐）结对3户以上农户进行农副产品对接，以此来带动全村共同致富。位于隐龙谷景区60米处的龙门客栈33号即开化久山半客栈，其主人余昌山不仅烧得一手好菜，经营也有道。其食材大都由本村村民供应。齐溪镇农村淘宝的掌柜余昌源，利用“平台+”载体，通过线上线下为乡亲父老“代言”5大类30多个农特产品销售，每年为周边30多户农民增收300余万元。村党支部书记介绍道，他们将以身体健康、生态健康、民风健康、思维健康、膳食健康、收获健康等系列健康为主抓手，助推龙门乡村旅游“1+X”模式再升级，让产业更加兴旺，乡风更加文明，生活更加富裕，实现龙门新飞跃。

当我们离开钱江源头时，正好第五批中国传统村落名录公布，开化又有四个村入选，分别是何田乡陆联村、马金镇霞田村、音坑乡儒山村和音坑乡读经源村。

有道是：“西傍华山，东濒溪渡，残垣断壁泥巴路。邑中草市店三爿，小街累石筒烟步。解放欢歌，小康鼙鼓，琼楼迭起花千树。古城扩展换新容，故人难觅曾游处。”（余省躬《踏莎行·开化巨变》）

周　进　文

磐　安

四水共源　理学名宗

你可能听说过，中国的地理重心在兰州。但你未必听说过，浙江的地理中心在磐安县，而非丽水市。将浙江地图按十字对折，中心点正在磐安。

虽然磐安的海拔并不是省内最高的，但其地貌“九山半水半分田”，境内的大盘山脉是雁荡山、括苍山、会稽山和仙霞岭的发脉处，其在浙江的地位类似于中国地理上的昆仑山脉。

从水系上讲，磐安又类似于中国的青藏高原，这里是婺江、瓯江、灵江和曹娥江四大水系的共同发源地，安如磐石，四水出焉。其中一支，奔流北上，至婺江而入钱江，风流迤逦，仪态万千。它带着漫山的花香，不断汇聚，浩浩荡荡，蔚为大观。

不过，人在磐安，就如同走在悬空的高空玻璃桥上，总有忽上忽下的感觉。说忽上，是因为此地高山峻岭多，时时有临风而立之感；说忽下，是因为谷底实在太深，仰望只见一线天际，顿生踊跃攀爬之心。

磐安就是这样奇妙的所在，让人心惊，却又可称“安如磐石”，貌似稳如泰山、一马平川。

天上风崖

江南多丘陵，磐安偏不然。这里山峰竦峙，两山夹一谷，幽深至极，让人望而却步。几座一样大小的山岭，整齐站成队列，扑面而来。

四水之源所在的大盘山风崖谷前不久刚开发完成，已向公众开放。门面很“卡通”，又是公主王子故事里的城堡，又是光头强的动漫形象，内里却很让人惊心。景区在两山之间架了200多米长的高空玻璃桥，从此山山腰走到彼山山腰，只需十来分钟，却十分需要胆量。

钱塘江与瓯江水系下游的民情和地理与上游迥然不同，人们口音也不相仿，把温州话误听为福建方言是有可能的，但基本不会误听为杭州话。

但在磐安群山之中，钱江和瓯江的差别就没那么大了。风崖谷景区位于尚湖镇，一开始景区老板还能分得清哪条水流属于钱江水系，哪条水流属于瓯江水系。但走着走着，大家就开始争论，这条水流究竟是讲温州话的还是讲杭州话的，到最后，景区老板也承认自己被绕晕了。

毕竟作为四水之源，这里有着大盘山脉最幽静、最清新的生态环境，方圆40平方千米的无人区，风貌一如原始森林。置身其间，恍惚不知今夕是何年。

也许在磐安群山之中，浙地的河流实现了大团结，究竟属于哪个水系，可能也没那么重要了吧。

四水共源，总有奇异。这里的雾气奔跑迅速，无论上冲下行，均迅捷无比。如果雾气重了，可能就要下雨。当地人说，两条并行说话的河流，可能一条上面有雨，一条上面无雨，只看造化。

野樱花开得满山遍野，人声在峡谷中回响，再过一段时间，映山红烂漫，这里就是一片花的世界。

老板还在树洞旁边支了一些蜂箱，那些野蜂可能会在这里采花酿蜜，到时可以“偷吃”些野蜂的劳动成果。

脚下的高空玻璃桥，说不定就会让人腿脚一软，但实际上安全得紧。踩在玻璃桥上，不闻水声，深谷尽是春花烂漫，倒让人心安，不似想象中的那般惊惶。

风崖谷的玻璃吊桥是华东最大的高空玻璃桥，凌空架于山谷之间，远眺就足够令人生畏了，特别是恐高的游客，走上去真的需要些勇气。但人到桥前，总不能当场示弱，硬着头皮走一走，也算是给自己一个挑战的机会。

本来已经做了很久的心理建设，但刚一脚踩上玻璃，就被吓了一大跳。有几块玻璃带有特效，踩上去就会有破裂的声音，着实吓人。但事实上这些玻璃都是特制的，几吨重的东西放在上面也不会有什么危险。

走在弯弯曲曲的山腰小道上，能看到各种山石和草木。走到桥中，临风而立，若不担心手机掉到谷底，倒可大胆拍摄一些美景，也可以俯瞰整个山谷形势和水流方向。那些连老板都说不清的水系，在这里可一览无余。

整个景区虽然进行了大手笔的改造，但保持了最大的克制，尽量保持生态原貌，不惊动大自然。除了高空玻璃桥，还有一处凌空吊桥。只是已经走过高空玻璃桥了，这吊桥所带来的刺激感也就一般了。过了吊桥就是像一只手臂那样横伸向半空的玻璃观景台。

这处观景台是华东最高的玻璃景观台。平台伸出崖壁50米，下距谷底260米，由全透明玻璃构成。玻璃剔透，置于高空，站立其上，脚下风光一览无余，四周美景尽收眼底。

高空玻璃桥好歹两头有个依托，观景台则是“无路可走”，让人感觉分分钟要掉下去。在这里可以看到高空玻璃桥的全景，玻璃桥掩映在群山和野花之间，瞬间可爱了起来。

下山有滑道，山陡坡深，小孩子可哧溜一下滑到谷底。也可选择走下去，走到谷底大约要半小时。下到谷底，则别有洞天，一派世外桃源的景象。水声震天，时不时有飞瀑、水潭、花木，一派生机盎然。仰观天际，见两山对峙，高不知几许。此景如何？只道众人沿路拍照，一个多小时方才出谷，还有些恋恋不舍。

景区有一石头寨门，相传是戚继光抗倭时所建。此寨门位于半山腰，隘口狭窄，一夫当关，万夫莫开。游人笑谈：爬至此处，莫说打仗，只怕向寨上喊话的力气也不一定有了。

说到这，不得不提磐安特有的传统民间竞技活动——“迎大旗”。

关于“迎大旗”的起源，一说是戚继光率领的戚家军战旗，也有说是为了纪念许真君许逊对当地百姓的贡献。

许逊是两晋时期的著名道士，为传播道教文化游历于玉山镇一带，见茶树遍布山野，且茶叶质量上佳，便与当地茶农一道研究茶叶加工工艺，保持绿色原质和白毛特色，制成“婺州东白”。此茶得到各方名士一致好评，从此行销各地。

宋代时，婺州东白被列入贡茶，官府“设官监之，以进御命”，称之为“茶纲”，也就是特供皇室的贡茶。为感念许逊的功绩，玉山茶农视许逊为“茶神”，尊称他为“真君大帝”，在茶场山麓建造茶神庙供

风崖谷玻璃观景台和凌空吊桥　（朱子一 摄）

奉。每年春茶开摘之日，茶农都要先祭茶神，再上山采摘，并把开摘的第一株新茶供奉给茶神。

宋代后，玉山茶场成为“榷茶”之处，朝廷委派官吏进行交易管理。明代时，官府在玉山茶场设立“巡检司”，对茶场进行管理，并形成了以茶叶交易为中心的重要聚会——春社和秋社。当地茶农除了祭拜茶神，还在茶场内举行观社戏、挂灯笼、迎龙灯、竖大旗等民俗文化活动。清中期以后，东阳县衙负责对茶场的管理。

现在，以“迎大旗”为标志的“赶茶场”活动已被列入国家级非物质文化遗产名录。

另一说法则认为起源于宋朝，至今已有800多年历史。每年农历十月十六日，磐安县玉山古茶场都要举办盛大的“赶茶场”庙会，“迎大旗”是其中的标志性节目。

“迎大旗”用的龙虎大旗不仅面积巨大，而且其绘画技术和制作工艺也相当精细，因旗面上绘以威风凛凛的龙虎相斗图案而得名。每面旗需80至120名壮汉各司其职、齐心协力才能竖起。“迎大旗”被誉为“平地起高楼的空间艺术”，早在2007年就被列入省级非物质文化遗产名录。

风崖谷景区也将此活动引入，如果碰巧，你就可以看到这令人震撼的一幕。

磐安樱花

自大盘山而下，西溪流入横锦水库后经东阳江汇入婺江，沿线便是钱塘江的上游。

沿溪有条樱花谷旅游带，以磐新线墨林至尚湖段（包括新线、旧线）和横窈线磐安段近50千米的公路为轴线，穿过安文镇、窈川乡、双溪乡和尚湖镇，目前已对外开放。

2019年3月21日，下着雨，樱花开得正盛，山壁上“樱花园”三个红字在雨雾中若隐若现，樱花节的工作人员却愁眉苦脸。

当时的天气有点诡异，3天之内的温差达到15摄氏度，差不多是西部沙漠地区的气候了。本来预定的樱花节，因为前期气温偏低，花期不对，日期只好往后拖。前几日气温上了30摄氏度，樱花齐刷刷地绽放，又担心延期的樱花节赶不上花期。可是一场风雨，满地残花，接着又赶上大降温。这次应该不会再有差池了吧。

樱花园总投资1.75亿元，目前工程已经基本结束，占地62.35平方千米，包括樱花公园、野樱谷、景观节点和沿溪绿道等。整个樱花谷会是

远处山壁上刻着“樱花园”三字　（朱子一　摄）

樱花园是政府着力打造的季节性次第开放的园区　（朱子一 摄）

全国规模最大、品种最全、花期最长、观赏方式最多样的樱花主题旅游A级景区。工作人员介绍说，这里的樱花品种很多，花期自然也不同，可以实现在不同时期总有樱花在花期。

很多人对樱花有误解，一提到樱花就想到日本或者武汉大学。其实，磐安本地有大量野樱，在映山红开花前的一段时间里，正是野樱开得肆无忌惮的时候。

2015年前后，磐安县委专门让人收集了磐安县范围内的樱花分布情况，发现磐安樱花品种非常丰富，大盘山国家级自然保护区还有“磐安樱”，是磐安独有的樱花品种。

经论证，以磐安的气候土壤条件，完全适合种植樱花。正好国内很多城市近几年兴起樱花文化热潮，因此，磐安的樱花谷项目开始冲击同类项目之“最”。

沿线村庄已经因此受益，很多村庄围绕“樱花谷”定位整治提升。尚湖镇镇前街将建起一道6000米的樱花文化长廊，入镇口的主要景观改造工程也将着重突出樱花特色，当下时兴亮绿配浅粉的“潮人配色”或将呈现大面积兼容的视觉冲击效果。

窈川乡的小城镇环境综合整治与“樱花谷”建设紧密结合，目前正在集镇所在村开展“四清零”行动，拆除清理一户多宅、危旧房、违章建房、不协调辅房，修建花坛，栽植樱花等花卉，配以仿古的路灯和石板，打造“古景樱盛”的旅游空间背景。

除了樱花主题公园，双溪乡还着重打造了一条生态景观公路（横窈线），道路两侧在普种一般品种樱花的基础上，将移栽一些大株的精品樱花。傅宅、王庄、下山三个村的乡村风貌提升将以樱花主题公园为中心，立体化打造“山、水、公园”的核心景观。

据当地文化旅游部门负责人介绍，虽然项目投入巨大，但沿溪风光本来绝佳，加之赏花活动加持，旅游收入已相当不错，项目带动作用非常明显。

沿西溪前往上游，到达尚湖镇岭干村头。此地距县城约30千米，群山环抱，偏僻幽静。村头立着一块“婺江源”石碑。碑后文字显示，一高台上有婺源亭，亭柱上刻着一副对联：“龙鸟一源青山水，千里婺江万古流。”“龙鸟”是指村边一座叫“龙鸟尖”的高山，海拔929米，山泉流下来后汇入西溪。山上植被茂盛，细水长流，婺江的源头就在那茂密的森林中。

站在亭中四望，山色苍茫，五座山头几乎整整齐齐地排成一列，似是人为之作。附近有花园，鲜花盛开，茶农不畏风雨，抢时采茶。

泉水甘洌，捧掬可饮。但是在20世纪90年代初金华当地媒体报道之前，岭干人并不知道他们日日相伴的这条清流，竟然就是金华母亲河婺江的源头。岭干村建自宋代，距今已千年，竟然只识得此山，却不识得此水，说来也是令人感叹。

漫步村中，见一处老墙门前，一连数十级台阶，气势非凡。村民说，这里原是宋朝一位御史的牌坊，曾显赫一时。在古代，凡外客到此，文官落轿，武官下马，概莫能外。村里有一花厅，据说是清代康熙年间（1662—1722）所建，古色古香。

“沪上”磐安

世人戏说有黑龙江省三亚市，意即三亚的黑龙江移民之多，已经彻底改变了三亚的人口结构。

如果说三亚是被动而为，那磐安则是主动为之。为了发展乡村旅游和避暑旅游，磐安主动向上海人开放了农居，名为“沪上人家”。2016年8月，由上海市静安区民政局牵线，共25位老年协会代表组成的“沪上人家”首批体验团来磐安进行考察体验。在山水景区考察、古村落考察、非遗大戏欣赏、药膳养生交流等活动后，考察团对此次磐安之行赞不绝口，“这里很适合老年人休闲养生度假，特别是药膳养生文化，对游客很具吸引力”。

针对上海老年客源的“沪上人家”休闲健康养生方案便应运而生。

在磐安的城市名片上，前四个分别为国家生态县、国家级生态示范区、国家重点生态功能区和浙中江河源头重点生态功能区，均与生态保护有关。与此相关的产业名片，列在第一位的便是“沪上人家”养老基地，其次是职工疗休养基地、非遗演艺基地和体育健身基地。

从现实出发，北有安吉，南有磐安，均是上海老人避暑度假、养老的绝佳去处，磐安也将休闲养生旅游作为“一号产业”，吸引了越来越多游客寻迹而至，来自缺乏生态腹地的上海的“银发大军”自然被列在首位。

“随着老龄化社会跑步到来，旅游养老今后会成为一种趋势。”时任磐安县委书记傅显明曾在接受媒体采访时如此表示。为此磐安推出了为上海市民“量身定制”的“沪上人家”异地居家养老模式，这也是磐安未来要着重打响的一块金字招牌。今后，磐安要建设一批规范化、标准化的养老基地，发展一批生态型、稀缺型的中高端民宿。

对于磐安而言，“山水之城”其实并不是它唯一的标签。“家家户户种药材，镇镇乡乡闻药香”，磐安独特的地理环境、气候条件使其成为“中国药材之乡”。这些项目均可与养老产业配套。

尖山镇陈界村位于五丈岩水库旁边，是“沪上人家”的典型。全村有31 户农户在开办农家乐或经营民宿，占到总家庭数的三分之二。为创建“沪上人家”，仅这一个村就投资了2000多万元，全域开展“三线”地埋和立面改造，完善各类基础设施。

另有20多家民宿还兼有“药园”，种植了铁皮石斛、杜仲、金银花等各种药用植物。每到旺季，几乎家家爆满，有从杭州来疗养的，有跟团队来旅游的，还有开车来休养的，一住就是十天半个月。

县旅游部门请专业的设计师对农家乐的庭院进行改造设计，并统一制定了每人120元的食宿标准，要求挂牌农家乐严格按照此标准执行，规范市场的同时，提升了农家乐的品质和规格，最终实现“药香磐安，身心两安”，并挖掘“气养、水养、药养、体养、文养”等方面资源、培育优势，要将磐安建成一片独具魅力的养生福地。

你可能想不到磐安对此项目的用力之深。从国家领导人到各级领导干部，只要到磐安考察，当地的陪同人员都会引导他们到石屋农家吃饭，或者住到陈界的农家乐，而非市区的酒店。他们希望，本地的这项产业能够得到最大限度的推广和支持。

在石屋农家菜馆，墙上挂满了从国家领导人到各界名人在当地的照片。由于着力甚深，名声在外，现在哪怕不用推广，外地访客也会到此一游一食。

夜宿陈界期间，正好是个雨天，院中鲜花怒放，安静得谁要是外放微信语音，都能引得旁人提耳偷听。

第二天早上8点钟，老板给每人端上一碗用当地做法做的面条。快中午时，一位同行考察的老领导忍不住说：“早上那面，怎么只有一碗呢？”听得众人哈哈大笑。

湿漉漉的老屋台阶 （朱子一 摄）

村民在庭院中大植中药材，形成了以“逛药村、赏药园、沐药香、品药膳”为特色的“药家乐”品牌。这个村也因此被评为“全国民主法治村”“浙江省旅游特色村”“浙江省首批休闲旅游示范村”和磐安县首批“五星三A村”。

为打造农家乐“升级版”，推动村集体经济发展，由村集体成立农家乐服务中心和旅游发展公司，盘活闲置农房，开发水上运动、书吧、咖啡吧、茶吧等业态，作为大的配套，让游客不但吃住舒心，也有机会在公共空间进行交流活动。

由于势头很好，当地正在“大干快上”，整个磐安就像一片热火朝天的大工地，到处都在大兴土木。这个安静的山区县城，可能从来都没有这么热闹过。

理学蔡氏

西溪沿线的双溪乡梓誉村拥有大量的古建筑，尤以蔡氏宗祠为最，是金华市历史文化名村。为保护古建筑，村民们大部分已迁往新址居住。

可能受《水浒传》的影响较深，人们对宋代蔡京之“蔡”不怀敬意，正如秦桧后人愧姓秦。但实际上，此蔡氏一门忠烈，先抗金，后抗蒙，是形象相当正面的族群。

磐安的山是高山，磐安的谷是深谷，出行极是不便。这样的地方，与外界联系不易，避祸倒是方便。蔡氏之所以居住到这个地方，也是因其地理不便之故。

据蔡氏子孙蔡忠良介绍，蔡氏先祖来自福建建阳（为福建省最古老的五个县邑之一）。南宋庆元二年（1196），权奸韩侂胄专权，将以朱熹为代表、蔡氏为领袖的理学定为伪学，朱熹被黜，祸及蔡家。时任婺州教授的蔡渊听从友人所劝，暂携墨宝及家眷避祸于顾岭，即现梓誉之山岭。

时蔡渊之父蔡元定被贬江西道州，并病逝于彼。蔡渊奔丧回建阳时，将其子蔡诰留在梓誉，并说：“我回建阳奔丧，家门之祸不知会如何，你暂且留在这里，以图日后归计。”

岂料蔡渊回建阳后，守父墓，奉养母亲，躬耕田桑，著书立说，一直不返。而蔡诰家累日重，不得而归，后来干脆长居梓誉，成为梓誉蔡氏鼻祖。

蔡忠良说，蔡氏与理学渊源甚深，蔡诰祖上有蔡发，为南宋理学家、天文学家、地理学家、医学家，是世界上第一个打破“天动地静，

蔡氏宗祠　（刘华先 摄）

下厅民居 （刘华先 摄）

天圆地方”神权学说的人。他写的《天文星象总论》一书中阐明了地球、月亮围绕太阳转的规律，比西方的哥白尼早400多年。

后人蔡元定25岁时拜会朱熹，被朱熹称“吾老友也，非弟子之列”。遂与朱熹对山筑庐，夜间挂灯为号，共研理学，博涉群书，著书立说，一生不涉仕途，不干利禄，为学长于天文、地理、乐律、历数、医药、兵阵之说，精识博闻。他被后人视作朱门理学创始人之一，也是理学的领军人物，被誉为朱门领袖。

加上蔡氏后人蔡渊等人，朱熹有感于蔡氏一门四代深研理学、倡导理学，命笔写下“理学名宗”付于蔡渊。

虽然如此，但蔡氏并不拘于理学之“刻板”，星象天文、兵书武学，均有涉猎。梓誉蔡氏第三代中，便有抗金将领蔡炎。

蔡炎小时候就聪颖过人，有谋略，立志报国，后献策于朝廷。宋理宗嘉其能，授永宁巡检。

1233年，宋理宗兴师北伐，蔡炎为参谋统制，于次年攻破金国都城蔡州。灭金后，蔡炎又随孟珙精心练军，与蒙军作战。1239年，蔡炎得知父亲生病后便上表归养父母，并从山岭脚举家下迁至溪口购宅居住，即今之梓誉。

1240年，蔡炎父亲病故，蒙军侵扰，欲再赴国难。将行，蔡炎自己得病，未能如愿。后朝廷昏庸，奸臣当道，遂隐居山野，养疾躬耕课子。

为让子孙后代不忘“理学名宗”之誉，蔡氏遂从“桑梓誉重”中选中间“梓誉”两字为村名，800余年，一直沿用至今。原属东阳县瑞山乡三十三都梓誉里，磐安设县后，连同三十三都划入磐安县。

800多年来，梓誉蔡氏尊崇传承先祖理学文化，耕读传家，虽无达官显贵，亦无负西山（西山即蔡元定）理学之风，庶几为礼义之俗矣。

梓誉老村现存有明、清、民国时期民居500多间。大多为三开间、两边厢房中间明堂的三合院，也有部分为弄屋。这些古民居大多采用门堂（也叫明堂）建筑方式，即后堂屋，两边厢房中间明堂。

这种建筑风格的重要特点是方便祭祖等公共活动，也有利于安保。任何一家有事，打开窗门或在街沿一声呼喊，全门堂都能听到，大家都会前来相助。

一家一户也有小堂屋、厨房间之分。小堂屋用来接待客人和祭拜祖宗。凡中间双扇门为小堂屋，厨房间一般是单扇门或单扇加小门，这说明古人非常重视尊祖和礼仪。

这些建筑也曾作为梓誉村办学场所，从蒙馆（私塾），到完小、初中、高中，都曾经使用过它。这里也是农村文化娱乐活动场所，孩子们都把它称为大礼堂。

当然，这里也是家训教育场所，堂正中悬挂的“理学名宗”“桑梓誉重”“孝思”三块匾额就说明了这一切。村民也不负先人，诗书画样样精通，一些自创的作品在祠堂里展出，丝毫不觉突兀。

除了现存古建筑，梓誉村还存有大量古宫灯。据村里调查统计，计有明代120厘米琉璃料丝灯8盏，储藏于蔡长生、蔡长方、蔡流东、蔡文穆家中；明、清年代80厘米羊皮灯8盏，储藏于蔡扬名、蔡星木家中；明代琉璃珠灯4盏，储藏于蔡梅忠、蔡志高家中；明代60厘米古宫灯数十盏，储藏在蔡梅忠、蔡长生、蔡长方家中；明代琉璃灯珠数十串，主藏在蔡梅忠家中；清代120厘米堂灯一盏、60厘米灯6盏配珠串、30厘米珠灯一盏藏于金秀家中。

另有清后期120厘米堂灯2盏、60厘米挂灯12盏属中房保管，清后期

80厘米古纱灯2盏由蔡朝明家保存。

这些古灯的绘画，虽历经数百年，但色彩依然清鲜，许多珠串仍旧十分完整。几百年来，这些先祖的明灯，烛照古今，让蔡氏后人不离光明大道。

朱子一 文

义　乌

九都溪水奔流急

九都溪位于义乌北大门，其源头在大陈镇大畈村海拔800多米的龙门顶最高峰上。从龙门山脉发源，款款的溪水顺东北两条几十里路、几十道弯的支流倾泻而下，汇聚于东塘村，通过大陈江滚滚流入钱塘江。

九都溪峡谷纵横、森林茂密、山泉遍布，自然、人文相融合，谱写着一段段不寻常的传奇故事。

红色精神源头出

大畈是九都溪源头最高的村庄，每日迎接义乌的第一缕曙光。

这里是义乌、诸暨、东阳三市交界处，素称“鸡鸣三县”。

如今的九都源头，风情万种，静谧如画。走进大畈村，那群山环绕的一片广阔的山中盆地让人眼前一亮。这里，时而云雾如海，时而薄云飘逸，时而晴空万里。巍峨的青山，苍翠的树林，清幽的凉风，恍如人间仙境。

而在70多年前，这里发源的是红色精神。

这里曾是义乌抗战时期的主要战场，日本战机大规模空袭三十六岗，多少死难者的尸骸长埋丛林之下。

这里曾是中共金萧地委成立之地，诸暨小三八部队、金义浦八大队、诸义东建荣部队三支中共武装部队在此会师。

这里曾是赫赫有名的金萧支队坚勇大队活跃的地方，打了一场又一场漂亮的胜仗。

穿过村碑前行，前方有一座飞檐翘角、雕刻精美的石亭。“会师亭”三个字在阳光映衬下熠熠生辉，亭中矗立着中共金萧地委成立纪念碑，庄严肃穆。

当年政委江征帆、大队长陈福明领导的坚勇大队，利用九都溪崇山峻岭的有利地形，对日伪军展开了机智灵活的游击战，开辟了诸义东抗日根据地，最终由300多人的地方游击队上升为主力部队，取得了一个

日出大畈村　（一　心　摄）

又一个胜利。

傅坚出生在九都溪畔的杜门村，他在《回忆录》中提到，父亲之所以把正在山上砍柴的他送到坚勇大队当兵，是因为这支部队是真正的老百姓自己的部队。当时留在义乌一带的国民党何步跃、许长水等部队，号称抗日队伍，可从来没见过他们向日伪军开过一枪，反而是一看见日伪部队就躲得远远的。更为可恶的是，他们用土匪的手段敲诈百姓，当地百姓十分痛恨。

傅坚是坚勇部队的重要一员，他打仗机智勇敢，入伍一个月就打了场漂亮的伏击战。那是1944年的春天，因为他对日伪军的情况摸得准，加上有当地老百姓的帮助，他所在的坚勇大队先是声东击西吸引敌人的注意力，再把敌人引入伏击圈，打得敌人措手不及，歼敌足有一个班。

会师亭（一 心 摄）

无论是八里岭背夜袭碉堡，还是攻打楂林桥头炮楼，傅坚都冲锋在前，立下赫赫战功。入伍当年他就加入了中国共产党，不久就被提任为分队队长。后博坚因负伤转地方工作，1949年后历任杭州市下城区委常委、副区长、区人大常委会副主任。1983年12月离休，2015年8月29日在杭州逝世，享年92岁。

值得一提的是日本人坂本寅吉，他少时随父就读上海一家中学，未毕业就回国。他富有正义感，是日本反战同盟会会员，后被强征参加侵华日军炮兵部队，退役后不愿再回日本，被派到楂林木材采伐公司当职员。

受坚勇大队影响，坂本寅吉邀陈福明大队长直接晤谈，要求结成同盟并“约法三章”，后一一兑现。他除了为坚勇大队提供军情，送药品

楂林一村　（一　心　摄）

和日用品外，还设计将日本黑田和大本两任采伐队长诱出楂林，帮助坚勇大队俘获两人。受此事影响，1945年5月，坂本寅吉被日军从义乌县城押往杭州遣送回国，他途中跳火车投奔了坚勇大队。

是年，他随军北上，在泰安攻坚战中，坂本寅吉用两发炮弹轰掉一个敌堡，打开了入城通道。1947年，他加入中国共产党，1948年任华东野战军一纵队一师一炮兵教官，在淮海战役中英勇牺牲。

除了正规军，大畈模范班成员可歌可泣的抗战故事，村民们舍身保护抗日英雄的壮举，至今仍被九都溪人民广为传颂。

叶清光，模范班成员之一，也是大畈村党小组组长。坚勇大队跟随部队北上后，他留下来继续做地下工作。1945年4月，国民党保安部队进驻大畈。叶清光奉命做保安队的策反工作。一日，他去小卖部购物，恰遇12名保安队士兵，便向他们宣传共产党政策，鼓励他们持枪弃暗投明，不料被一名保安队队长发现并当场抓捕。叶清光被捕后，敌人对其实施了“老虎凳”等各种形式的严刑拷打，但他面对酷刑始终坚贞不屈，视死如归，没有吐露半点秘密。第二天，敌人将他押往大岩坞的仙姑庙，用刺刀把他活活捅死，牺牲时年仅29岁。

叶三富是当年坚勇大队的地下交通员，已是鲐背之年。他唱起坚勇战歌，依然满怀当年抗战救国的激情：“从江南打到了江北，我们克服了多少困难；从春天到冬天，我们打了多少胜仗。共产党的队伍坚勇战！鬼子呀，不怕你扫荡，不怕你清乡！消灭你，送你见阎王，你的死亡在眼前，不许回东洋……”

走进农村文化礼堂，村史民情廊、抗战历史廊、红色故事廊、生态文化廊，与气势恢宏的文化礼堂交相辉映。

大畈村开设了爱国主义教育基地，还将建一个抗战纪念馆，并开发大畈至里西岗的红色古道，让红色文化在青山绿水间慢慢渗入村民和游客的心灵。

为了深入保护和挖掘这笔宝贵的财富，大畈村委成立红色旅游领导小组，加强申报红色旅游项目，规划建设旅游配套基础设施，组建文化讲解、文明倡导等专业服务队，引导村民主动担当起红色景区讲解员、宣传员、保洁员等角色。

大畈村将红色旅游与美丽村庄建设结合起来，依托壮丽的梯田自然风光和得天独厚的避暑条件，围绕“吃住行游购娱”六大要素，打造高山民宿经济，做旺田园景观文化，走红色古道，唱红色歌曲，听红色故事。

考察当日，大陈镇以“重走会师路，薪火代代传”为主题，正在为即将启程的入伍新兵举行“壮行”活动。全体新兵从九都溪东塘村徒步走到“会师亭”，重走了革命先辈的会师道路，提前感受军营生

大畈村文化礼堂 （一 心 摄）

活，感受红色文化；让灵魂受到革命精神的洗礼，种下爱国主义的种子。

状元后裔德善行

云头坞是九都溪大畈源头龙门之巅东下支流唯一的村庄，因地处云雾缭绕的高山而得名。穿过这个村庄，前面就不见人间烟火了，只得重走回头路。因此，云头坞又称调头坞。

1969年建东塘水库时，云头坞整村搬迁到水库脚下，取名新建村，现并入东塘行政村而成为一个自然村。原村庄留下了历经沧桑岁月的古村落遗址，其人文故事流传颇多。

云头坞人大都姓陈，据可考史籍，祖上乃是南宋状元陈亮。

陈亮（1143—1194），原名汝能，字同甫，号龙川，学者称为龙川先生。邻县永康人，义乌女婿，南宋思想家、文学家、史学家、哲学家。

义乌是陈亮的第二故乡，究其一生，其活动区域大都在义乌。他少年时代在义乌求学，23岁娶义乌首富何茂宏之女何淑真为妻后，常在义乌讲学。南宋庆元二年（1196），陈亮四子陈涣自永康迁徙到义乌绣湖之滨，从此其子孙在西门一带繁衍生息。

明末崇祯年间（1628—1644），农民起义，烽火连城，战事不断，义乌城区人纷纷向山区转移。陈亮第十四世孙陈伦慈于崇祯十一年（1638），从义乌绣湖迁徙到九都溪源头云头坞扎寨安家。由此到今大约历经380年沧桑岁月，陈家世代没有大富大贵，到清道光三年（1823），陈伦慈八世孙佑朋出生，由于家境贫寒，没念过几年私塾，

九都溪支流 （一 心 摄）

从小就跟父亲劈山种地做苦力。

三十年河东，三十年河西。佑朋兢兢业业，不怕吃苦，头脑活络，先以经营山货起步，后转为酿酒发家，不到知天命之年，就成为九都溪知名富翁，粮田耕地买到20里之外；丰收之年，租谷可收上千担。佑朋为人厚道，左邻右舍关系特好，哪家有困难他都会出手相助，大家尊他为佑朋公。

佑朋公祖先三代都会酿酒，他既会酿酒，又会品酒；既酿黄酒（俗称青柴棍），又酿烧酒（俗称高粱烧）。他的酿酒作坊越开越大。每逢三六九、一四八集市，他就与几位帮工一道挑着酒坛，唱着山歌，顺溪而下，去楂林、大陈等地赶集。

佑朋公的酒深受欢迎，名气传开，方圆几十里都知道。“酒香不怕巷子深”，找上门来买酒的人络绎不绝。

其酿酒的原料，是当地的土高粱。村前屋后十里内外，漫山遍野种满了红高粱。春天，绿色成荫；秋天，那弯着腰、低着头的红彤彤的高粱穗，向你露出笑容。

酿酒的水，来自九都溪龙门山中，天然之泉清澈甘甜，常年不枯。俗称“水为酒之血”，高品质的水是酿出好酒的关键。水从源头而来，从森林流出，未受污染，洁净甘洌。

喝了他的酒，不口干、不刺喉、不上头。60度以上的高粱酒亦是如此，清香独特，风味醇厚，久享盛名。

“天有不测风云，人有旦夕祸福。”清光绪十七年（1891），佑朋公的儿子德潮接替家业，当佑朋公以为自己可以坐享清福的时候，突然飞来一场横祸，平静的生活瞬间变得鸡犬不宁。

事因村邻一户人家婆媳争吵，婆婆一时想不开，吃了“蛊药头”

自杀身亡。这下惊动了婆婆的娘家，兄弟亲属请了所谓“武举人”等三四十人上门讨说法。这户人家的儿媳家一贫如洗，知道大祸来临，早早逃离躲避。佑朋公出面调解，并承担了所有来客费用。对方看他家境非常富裕，便得寸进尺，硬说是儿媳妇毒死了婆婆，既要儿媳妇偿命，又要敲诈钱财。他们赖在佑朋公家又吃又喝，喝醉了还将后院存放的几十口酒缸砸得粉碎。

佑朋公一气一急，昏倒在地，卧床不起。儿子德潮快到不惑之年，有文化有涵养，又见过世面，处事果断利落。他发现来者不善，不是靠调解能够了事的，便在夜间三更带上田地山场等契券，跨过八都溪，步行百里来到义乌西门绣湖陈家祠堂。

西门族长听罢由来，速向知县大人报告。知县下令派公检司法专员实地调查取证。由此一场风波得到平息。

佑朋公含冤去世，儿子德潮挥泪送别父亲，心里受到极大伤害，一时无心经营家业。他想不通父亲一生劳作，勤俭持家，创下丰厚的基业，为何结局会如此悲戚？且当时官场腐败，民不聊生，土匪强人时常出没，百姓苦不堪言。思前想后，他恍然大悟，何不把财产施舍给穷人，行善积德。

德潮心意已决，从此改变了自己的人生轨迹，把济贫帮困、造桥修路作为主业。凡是受苦受难的人，他都会慷慨解囊。哪里需要造桥修路，他就奔向哪里，并带头捐款、四处筹资。义乌东江桥、苏溪甘溪桥、楂林水塔桥、东塘广济桥、山府下崖桥等，他都有捐资，其中东塘广济桥是他出资独造的。

广济桥位于东塘村上游，是德潮一生最后造的一座桥，是通往东塘、杜门、楂林、大陈等九都溪流域的必经之桥。他在桥左上方建了大禹殿和乐川亭。大禹殿是为颂扬大禹治水的精神，乐川亭是为了方便来往行人遮风避雨。

待桥亭工程完成，德潮家里的粮田已变卖精光，家业日渐衰败。

可惜，广济桥建成15年后，即民国十一年（1922），壬戌年闰五月初五，被一场特大洪水冲垮。民间流传那一年有两个端午节，蛟龙翻腾云水怒，山洪暴发，千年古树被拔根而起，随滔滔洪水架在广济桥上，大桥受不了凶猛洪水的冲击而被冲毁。

大禹殿和乐川亭后也因故被拆。一块石碑记载着桥、殿、亭的历史，但遗憾的是碑文模糊，已无法辨认。

庆幸的是，现在政府重视美丽乡村建设，挖掘古文化，弘扬传统美德。义乌商贸集团出资重建，一座被冲毁近百年的古桥得以“复活”。

德潮虽家道中落，但因崇德尚善、乐善好施，义乌方圆百里的人都敬重他。知县也时常请他为座上客。有次请他商议有关民间事务，德潮提出政府要“鼓励农耕、整顿集市、救灾为民”，都被知县一一采纳。由此，九都溪百姓又给他封了个雅号：陈三点。陈三点的名声传颂至今。

有人又说，“喝了三点酿的酒，浑身上下是力气，干活干到夜三点，不知辛苦不会累”。虽然德潮父子的酿酒作坊早就不复存在，但酿酒技艺已传遍九都溪畔。

如今，九都高粱烧被誉为“义乌小茅台”。德潮的儿孙继承了他的传统土法酿酒作坊，并被列为义乌第四批非物质文化遗产传承人。

民国九年（1920），德潮无怨无悔地走了。

临终前，他把子孙们叫到床前，自豪地表示：“我没有什么财产留给你们了，但有一颗行善积德之心，希望当作传家宝。”

家庭酿酒作坊 （一 心 摄）

善德家风代代传承，儿孙们不忘嘱咐。二子新翰，又名樟文，俗称“秀才”，天文地理、易经八卦都懂三分。父亲的思想潜移默化地影响着他的人生。他是九都溪闻名的大好人，一生从善。凡是讨饭的、残疾的、苦难的人，他都给予救济。曾经有一个叫永基的孤寡老人，昏倒在他家门口，衣衫褴褛，蓬头垢面，一只脚已经烂得化脓发臭。樟文扶永基回家，不仅用土草药治好了老人的烂脚，还将其收留在家中，为他养老送终。

樟文不仅有善心，还富有正义感。他认定中国共产党才能救劳苦大众。抗战时期，金萧支队坚勇大队官兵如周芝山、陈福明等常在他家活动。他利用甲长的身份，为部队筹粮、送信，救护伤员，尽心尽忠，默默地支持革命事业。

樟文的儿子也一样忠诚善良，品德高尚。1956年后，他担任村干部40余年，一生为集体、为村民，勤勤恳恳、任劳任怨。樟文的长女将子孙们为其祝贺百岁寿诞的10万元钱捐给了村里，用于村文化礼堂的建设。她说，能为村里尽一点力，心里比祝寿摆酒席还高兴。

德潮及樟文父子虽然已经去世，但他们崇德尚善的精神，为陈氏后人代代相传，他们的美名远扬天下。

竹乡北山待客忙

北山是九都溪畔的一个小山村，离源头大畈村仅2.5千米，只有八九十户人家，还不到200人，可竹林有3000多亩。放眼望去，四周群山环抱，皆是绵延不绝的竹海。竹林深深，竹浪滚滚，滋养着一代又一代的北山人。

汽车在竹海中穿行，坐车可以直达山顶的“云之谷”。

登山有两条路，一条石阶路，一条木梯路，两路中间是层层叠叠的山泉瀑布，潺潺的流水声伴着鸟语花香，别有一番意境。

在这里，每天、每时、每秒天然馨香，沁人心脾，让人忘记尘世的喧嚣，久久不愿离开；在这里，让你感悟情思，找回自己，阅读人生的诗意篇章；在这里，山涧水声和着风抚竹林声，开阔你的胸襟，放飞你的梦想。

北山村用自己的方式，诠释着竹海风景带来美丽经济。其精品旅游线以九都溪为主轴，以竹、山、水环境资源为背景，勾勒出一幅竹连着山、山连着竹，蓊蓊郁郁、满目苍翠的美丽画卷。

到北山，可以吃农家饭，喝农家酒，住农家屋，呼吸清新空气，与

云端北山 （一 心 摄）

北山村口 （一 心 摄）

大自然亲密接触。这里打响了竹海“农家乐”特色品牌，生意做得红红火火。

2003年“非典”期间，来北山游玩的人一下子多了起来。热情好客的北山村民，开始用手擀面接待游客。随着游客的增多，村民开起了第一家农家乐餐馆。

转眼间十多年过去了，如今农家乐已发展到30家之多。有的专营餐饮业，有的专营民宿，有的专营山货，还有的几者兼顾。餐饮接待达1100餐位，民宿接待床位有150个。当地的土特产经常缺货，要靠周边村庄输入。除了义乌本地的大批游客，周边县市以及杭州、上海、苏州等大城市的游客也纷至沓来。

沿着竹林道走进一家名为“竹家庄”的农家，眼前忽然一亮，感觉特别新奇。

“竹家庄”风格独特，且声名远扬，周围竹林环绕，翠竹在风中摇曳，仿佛在向游客点头致意。

“竹家庄”六间三层楼，全是竹子包装。屋顶瓦片是将毛竹从中间对割，一上一下重叠排列而成，雨水自然往竹槽中流下。屋墙里里外外用竹编打扮，落水管也用毛竹筒替代。房屋周边的竹篱笆显得格外协调，自来水实际上是自流水，是用竹管从屋后小溪引到家中。

主人公姓楼，已是70挂零的岁数，我们称他为“楼大叔”。大婶很好客，热情招呼我们坐下喝茶。

楼大叔陪我们看了餐厅和房间，还带我们参观了他设计的“竹子博物馆”。

家里摆设的全是竹制品，竹椅、竹桌、竹凳、竹床、竹柜、竹箱子、竹灯笼……无一不是竹。

“竹子博物馆”中的作品，有古代的、近代的，还有当代的，摆的挂的，大大小小、形形色色，应有尽有。

竹蒸笼、竹箩筐、竹火笼、竹簸箕、竹风车、竹凉席、竹水瓶、竹篮子、竹花瓶、竹果盘、竹玩具、竹鸟笼、竹根雕、竹饰品、竹草帽、竹鞋架、竹提包……看得我们眼花缭乱，看得我们忘了时间。

大婶已经多次催我们吃饭，我们仍然依依不舍，不愿离开。

一顿丰盛的午餐，全是山货土菜，更多的是与竹有关的菜肴，如竹鞭笋、腊肉笋、石蛙炒笋尖、猪爪炖笋衣、笋干老鸭煲。主食是竹筒饭，是放在竹炭火上烤出来的，香味浓郁。手擀面也是用竹笋烧的，面汤是土鸡汁，味道美极了。主人还给我们开了一节竹筒酒。这酒奇特，选竹讲究，早不行晚不行，一定要在竹笋长成竹，竹壳已脱光的时节，然后用针管把高粱烧打进竹筒。一根竹最多打两三节，打多了竹子会枯死。有酒的竹节要标上记号，来年锯下就成为竹筒酒。竹筒酒清香可口，一般60度的高度酒第二年再拿出时只存五十二三度，一斤酒也仅剩七八两。因此成本比较高，自然酒价也高。

饭桌上与楼大叔谈得很投机，我们问什么，他就答什么。若涉及竹的话题，他更是滔滔不绝。

大婶说他是竹迷，离开了竹就仿佛无法生活。楼大叔说：“我家祖祖辈辈靠竹吃饭，竹山是家里的聚宝盆，祖坟风水好，好就好在祖先几代都葬在竹山，而且棺材也是用竹打的。”

饭后，楼大叔带我们到后山挖冬笋，并去看看他的“养鸡场”。

冬天，竹林中的笋芽儿还没有从地底探出头来，要挖到笋，全靠眼力劲。

“北山的每片竹林，有其大年与小年之分。每逢大年，竹笋便在土中疯狂滋生。”楼大叔指着眼前一片竹林，告诉我们那些是大年竹，因为枝叶很茂盛，绿得很。他选了根竹子指着竹根说，朝右边有一长鞭，鞭上会长很多笋尖。他弯下腰，不急不忙地刨开土壤挖了起来，我们将信将疑地盯着，果然不出所料，这条竹鞭上一排长了七八棵冬笋。

不到个把时辰，一篮冬笋就挖好了，随后我们转到竹林山坡上的“养鸡场”。在这竹林深处，还放养着一大群鸡。

山腰有两只竹笼，一只鸡笼，一只狗笼。楼大叔吹了口哨，一大群鸡争先恐后地来到他的身边，“咕咕咕”“咯咯咯”地叫个不停。几把“六谷”米撒向鸡群，它们你争我抢地吃开了。

“鸡每天在傍晚喂一次，平时都是吃虫、草的，竹林里的蚊子、虫子特别多，鸡的营养是很丰富的，堪称‘虫草鸡’。”楼大叔自豪地告诉我们。一天很快过去了，我们依依不舍地与楼大叔挥手告别。

北山村村干部真有战略眼光，为了吸引更多的游客进山，不断开发新项目。最近一座玻璃天桥横空出世，取名“云端天桥”。天桥距山谷地面约百米，相当于30层楼的高度，全桥总长220米。远方是高山，脚下是深渊，四周均是茫茫竹海。每向前走一步，都会心惊胆战，仿佛一不小心就会坠入悬崖。

北山村是九都溪的一朵奇葩，先后获得了义乌市森林村庄、义乌市美丽乡村特色村、浙江省林业观光园区、浙江省森林人家特色村、浙江省美丽宜居示范村、长三角最美乡村等诸多荣誉称号。

云端天桥 （一 心 摄）

杜门悠远丝路新

九都溪真美，美在自然景观，美在文化底蕴，美在大陈镇在每个村精心打造了颇有特色的美丽景区。

“义乌九都国际旅游度假区”的招牌，在九都溪杜门村村口高高挂起。这里是国际知名、国内一流、长三角顶级的生态休闲度假区，是长三角首个茶桑文化风情小镇。

杜门茶桑文化风情小镇的左边是千亩茶园，是义乌最大的骑行茶园。园内丘陵连绵，茶香四溢，景色迷人。骑行车道从道人峰开始，贯穿灯塔、后田畈、楼家坞、后陈、东塘、双园、杜门等村环线。景区为游客提供山地自行车租赁和电瓶观光车游览等服务，是集茶园观光、茶文化体验和运动休闲于一体的4A级旅游景区。

右边是百亩桑园，传说杜门是蚕桑文化的发源地，因此营造了一个蚕桑文化园。园内正方位有一座蚕神庙，庙内有一尊蚕神娘娘——马鸣王的塑像。

“马鸣王”又称马明王，堪称“世界丝绸之神”。在古代，为了向蚕神表示敬仰，并表达对来年丰收的美好希冀，蚕农们对蚕神进行祭祀，并衍生出许多风俗。

马鸣王出身何处?

流传于浙江海宁一带的民歌《马鸣王》唱道：“马鸣王菩萨到府来，到你府上看好蚕。马鸣王菩萨出身处，出世东阳（郡）义乌县。爹爹名叫王伯万，母亲堂上王玉莲。马鸣王菩萨净吃素，要得千张豆腐皮。十二月十二蚕生日，家家打算蚕种腌。有的人家石灰腌，有的人家

道人茶楼 （一心 摄）

卤池腌。正月过去二月来，三月清明在眼前。清明夜里吃杯齐心酒，各自用心看早蚕。大悲阁里转一转，买朵蚕花糊箓盘。红红绵绸包蚕种，轻轻放在枕头边。歇了三日看一看，打开蚕种绿艳艳。快刀切出金丝片，引出乌蚁万万千……”

玉屏山呵吒寺中有马鸣道场记载：千百年来，义乌县内的蚕农，对马鸣王敬若神明，每当孵蚕蚁、蚕眠、出火、上山、回山、缫丝等重要生产程序，都要对其顶礼膜拜。到了近代，祭蚕频率日渐减少，但在蚕蚁孵出之日或是腊月十二“蚕花生日”，还是要隆重祭拜。据传，为马鸣王做过生日后，来年春天育蚕时蚕宝宝就能身强体壮，不会发病，结出的蚕茧又大又结实。清代文人陈梓曾为此作过一首《茧圆歌》：

茶园　（一　心　摄）

“黄金白金鸽卵圆，小锅炊热汤沸然。今年生日粉茧大，来岁山头十万颗。”

历史正是巧合，杜门方圆几十里，满山种蚕桑。九都溪家家户户捞豆皮做豆腐，喝着高粱烧，用心种蚕桑看蚕宝。

杜门村有一书院。走进书院，书香气息扑面而来。书院重建于清朝乾隆三十九年（1774），三进五开间，单檐硬山墙砖木结构。三级马头墙，宛如天马行空，前仰后合，进间穿廊相通，布局精巧，风格清雅。书院内挂着众多匾额，例如“尚书第”“乡进士”“德行可风”“荡寇宁民”“御史第”“进士”“杜门书院”等。这些匾是清朝道光年间（1821—1850）留下的东西，现成了民间国宝。

杜门书院由傅藻所创，清时修的《傅氏宗谱》记载：傅藻，字伯长，号国章，生于元代至治元年（1321）。七岁丧父，靠母亲楼氏抚养。在私塾就读时，记忆力很好。元惠宗年间（1333—1368），傅藻与宋濂、王袆、刘涓等跟随黄溍学习，闻名江南。至正十三年（1353），

杜门书院 （一 心 摄）

受先生黄溍之命参加秋闱，由于受元朝民族政策歧视，落榜不第；后返回家乡，参与编写《义乌县志》。

朱元璋建立明朝之后，洪武五年（1372），傅藻向明太祖提交治国之策，深受明太祖朱元璋赏识。洪武七年（1374），傅藻担任翰林院编修，参加《元史》的编写工作。洪武十年（1377），明太祖派傅藻担任监察御史、光禄大夫，去凤阳整治。后任武昌知府、河南廉吏。洪武十二年（1379）秋季，正当傅藻官运如日中天时，他却以侍奉母亲为由，上表请求还乡尽孝。返回义乌后，傅藻修建贞则堂，给母亲楼氏居住；又在夜珠园修建书院，把书院题名为“杜门”。后来，这个村子由此改名为杜门村。

乘缆车而上，到达海拔600米的鹅峰山。鹅峰山上有义乌著名的佛教圣地——瑞丰寺。

瑞丰寺始建于唐广明二年（881），已有1100多年历史了。在九都的“三寺一院”中，以瑞丰寺最为壮观。周边山峦重叠、古木森森，寺内清雅幽静、卓有异趣。站在寺前可看万家灯火，上鹅峰山顶可俯瞰全镇景象。

据说，瑞丰寺当年人丁兴旺，仅和尚就有800多人。寺有山门藏殿钟楼，为南宋嘉定九年（1216）僧人泽可募资建造，并铸大钟（重达千斤）悬于钟楼。千年香火从未间断，大钟的声音能传遍方圆百里，引来众多善男信女，有时一天可达万人。一年三次的庙会可谓人山人海，前来朝圣拜佛、游览观光的人络绎不绝，瑞丰寺无愧为人们向往的神圣之地。

经过318级登云天梯，到达鹅峰山佛顶摘星亭，这也是观日出的最佳位置。佛顶山上有一条山岗通向东湖山（又名东阳坞），十里绿色天

登云天梯 （一 心 摄）

廊，可以走路观景，也可以租自行车游览，是一个集观光健身于一体的好地方。这里森林茂密，景点颇多，生物资源极其丰富。

东湖山面临东塘水库（又名东湖），向南一座山峦，以竹林与杂木林相融，地势开阔平坦。二三十幢木屋掩映在绿树翠竹丛中。这些单栋小木屋为纯天然木构造，依山水就地取势，各具形态。从东湖山沿空中生态走廊走进一幢幢“东湖山寨”，正好过夜歇歇脚，听听树林中鸟儿在茂密的枝叶间唱着那动人的歌。

沿着3000米长的东湖玻璃栈道，进入4A级景区云溪谷生态养生体验区。这里的主要景点有“森林浴场”“云溪谷漂流”“天桥相会”“来龙山老寿星”“高源探险”。

东湖玻璃栈道设计别具一格。沿湖边水面而进，栈道一半在水下，一半在水上。人仿佛在水中走，不湿鞋不湿脚，不惊慌不发抖，可慢慢地享受人间仙境。

森林浴场素以“天然氧吧”著称。走进浴场，会闻到树木散发出来的沁人心肺的清香。半月潭是浴场核心区，四周群山环抱，古树婆娑。晴天山风送爽，水光潋滟；雨时烟雾缭绕，山色空蒙。春天山花烂漫，夏天凉爽宜人，秋天枫叶红云，冬天雪山情趣。

云溪谷漂流，从上游龙门飞瀑到半月潭长达2.5千米，漂流落差大，刺激程度高，有“水上高速”之美称。该流域水量充沛，主要靠龙门湖调节水量。

天桥相会则是一个可悲可叹的传说。一边山上是西古坪寺庙，一边山上是陈大坪尼姑庵。两庙宇隔山相望，始建于唐初年间。有一年天久旱不雨，干得山上无水源可找。小和尚和小尼姑都下山挑水，他们相遇了，两小无猜，萌发青春激情。说来也巧，此事被过路人发现，话传到知县那里。知县大怒，自己管辖之地竟有如此伤风败俗之事发生，便差使衙役速速行动，不仅把这对恋人下了大牢，而且烧了庙宇，赶走了所有和尚和尼姑。庙宇千百年来从未复建，成为千年遗址。

今天，为了让更多的恋人敢想敢爱，两山之间架起一条钢丝索道，两头吊篮，既方便有情人相见相会，又可请技艺飞人空中表演。

来龙山老寿星景点，在云头坞村原址建设。传说此处是块风水宝地。老寿星塑像高大雄伟，造型独特，工艺精美，品相完好，笑容可掬。背面竖有一块“寿”字碑，碑中间有一特大“寿”字，“寿”字四

东塘水库 （一 心 摄）

九都溪流 （一 心 摄）

周还有百个不同字体的“寿”字。塑像前摆放着一只大香炉，两边各立蜡烛台架。游客前来，人人朝拜，保佑自己及家人亲友身体健康、增福增寿。

高源探险从老寿星景点开始，逆流而上是茫茫林海、群山峻岭、连绵峡谷，山势陡峭，石崖峻秀，更有飞瀑流泉、清水潺潺、古树参天、虫兽窸窣、百鸟鸣啼。一路上，时而云雾滚滚，时而大雨滂沱，时而阳光灿烂。

探幽寻源，登山高、脚踏龙门之巅；梦想成真，奔流急、理念必变现实。

陈荣高　文

临　安

风韵光华古河桥

走进临安河桥的那天，云遮雾绕，微风细雨。我们撑着古旧的油纸伞，漫步在古镇老街上，驻足观赏着街道两边的老式徽派建筑，仿佛置身于人来车往、商贾云集的“唐昌首镇”；穿行于斑驳砖墙的弄堂里，抬头仰看高翘马头墙的月亮窗，恍惚中见到了风姿绰约、仪态万方的青春靓女，正在窥望街弄里行人中的俊男英才。这个坐落在浙江西部的千年古镇，在历史的长河中演绎过多少让人心驰神往的传说故事，铸造了多么厚重的历史文化。

岁月悠悠

河桥的历史，可追溯至唐垂拱二年（686），至今已有1330多年。当时武后已掌控朝廷但尚未改唐为周，为有效管辖浙西广大地方，独立设置了昌化县，同时下辖河桥镇。河桥依山傍水，风光旖旎，地理环境独特，三溪交汇的自然条件得天独厚。虽然只是一个镇，但其繁华远胜县治昌化，因而素有“小小昌化县，大大河桥镇”的说法。《昌化县志》记载，“河桥一带，几里许，烟火不下千家”，曾有过“三百艘船，三百条排，三百座窑，三百灶茧”的盛况，因而到明嘉靖时，河桥因“一邑水口形胜，商务独冠唐昌（即昌化）”而被称为“唐昌首镇”。

“唐昌一千年地贯徽杭浙皖，首镇两百里水通富春钱塘。”地处浙西山区的千年古填，河桥的兴衰全在于一个“水”字，兴盛在“水”，衰退也在“水”。昌化溪、伽溪（昌南溪）、蒲溪在河桥交汇成为柳溪江，向下与天目溪汇成分水江，最后流进钱塘江。民国《杭州府志》载有：“按乾隆志云昌化在万山之中，名溪三十，其原为上溪，而柳溪乃众溪之委也。”所以河桥正是柳溪江孕育的杰作，也是柳溪江酿造的美酒，时间越久，越是醇厚芳香。

因柳溪江直通钱塘江，河桥成为昌化县最大的水陆码头，奠定了其浙西商贸集散中心、交通航运枢纽的地位。柳溪江作为新安江的补充航道，昌化的木头、山货、药材等土特产都要经过河桥运到钱塘江，进而销往全国各地，因而河桥是浙西最大的木材和药材集散地，江南药王、“红顶商人”胡雪岩的船队曾常年在柳溪江上扬帆驶航。

民国时期，河桥异常热闹，成为昌化县第二区直街。抗日战争爆发后，河桥地处偏僻又有水上航道，成为浙西水上运输大动脉。待到杭嘉湖地区沦陷后，大量难民涌入，浙西三中（浙工大前身）迁进，国民党多支部队驻扎，使河桥一时成了水运、商贸、文化、军事的中心，老街两边店肆鳞次栉比，错落有致，各种物产琳琅满目，空气中弥漫着蚕茧、生丝、茶叶、药材的味道。街上行人摩肩接踵，前呼后拥，或买卖物产，或歇脚悠闲，或走亲访友，或观景赏月，或饮酒博彩，或乐游青

木桥流水人家　（刘华先 摄）

楼，堪称“浙西小上海”。

斗转星移，时易势变，随着陆路交通的发展，河桥的水路航运优势渐趋式微，昔日的繁华不再，但古镇的悠久历史文化并未就此湮灭荡净。那些依江而建的百余幢徽派建筑仍然保存完好，马头墙依然飞扬着古老风情，如百岁老人蹲守在街边，注视着人间岁月沧桑；那条长约1500米的老街，以石板和卵石铺就，静静地躺在古镇，依然书写着走向远方踏在街面上的历史华章；那些古宅老房，在春去秋来、风寒酷暑中，仍旧未改“唠叨”的习性，依然向人们讲述着跌宕人生和传奇故事；那些抗战时期留下的史迹遗存影响深远，伫立在抗日誓死碑前，读着那气贯长虹的碑铭，仿佛看到了抗日军民同仇敌忾正奋勇向前与敌人浴血奋战，激荡着后人的民族情怀和爱国精神。

岁月悠悠，沧桑巨变，河桥的千年史话，留存在众多遗迹印痕中，一座老宅，一座古刹，一处古墓，一块石碑，一条弄堂，一本族谱，一种习俗，一个传说，一段民谣，永久而长存着。

文物灿灿

河桥之出名，不唯流光岁月之悠久，而在于千年文化沉淀的厚重；不是春夏秋冬的岁月磨蚀，而是柳溪江拍岸的永恒浪声，那些点缀于古镇街弄里的诸多文物瑰宝，静静的老街，斑驳的古宅，门前的水沟，江上的木桥，桥头的小楼……犹如镶嵌在夜空中的星辰，依然闪烁璀璨，吸引着众多游人。倘若你已到过河桥，定觉赏心悦目，流连忘返，并心生再去一次的渴望。这不，我第一次与大家同去，后又悄悄地单独回去了一次。

河桥的老街是最有故事的，也是串着所有文化的珠链。那条老街东西向，不长，1500米左右；又很长，古镇的历史全烙在街面的石板上。现在你到河桥，在古街徜徉，进入视线的首先就是西端“唐昌首镇”的门楼，河桥人习惯称之为“城门”。

据街上老人所传，古时的“城门”，“磐石坚木筑之，上有街楼，高三丈，宽三丈”，门下“阔可通车马”，显得高耸壮观。东西门楼昼开夜闭，铁环大门厚重严实，盗贼无法进入，街上秩序井然，各色人等相安无事。但我们见到的西端城门是20世纪70年代建造的，虽非旧时建筑，却也有点古迹风貌。

走进城门，因老街呈弓形微弯，一眼难以望到尽头，却添了些许曲径通幽之感，增加了游人一探到底的兴致。老街两边大多为徽派建筑，间有现代房屋，可谓新老交错、今古同立，汪益茂、墙里、怡和、逸庐，这些古宅像历经沧桑岁月的老人，依然在老街上静静地坐着；积善

古镇老街 （刘华先 摄）

堂、胡升号、同大强、惠元堂，这些老字号虽已消逝在岁月中，但斑斓的遗迹依然留存在老街上。街并不很宽，三五米，两边对门人家，白天晴朗时可相见碗中主食菜肴，夜晚寂静时可相闻话音笑声。两边的马头墙，最窄处几乎相碰对峙，使游人可见一独特景观：阳光明媚时街面似有一条玉练蜿蜒，雨水垂落时两家间犹如相隔一幕水帘。在街上走着，你时常可看到头上旗幡飘飘、灯笼高挂，这是街上人家用竹竿或木条，一头搭在自己家，另一头搭在对面家的窗棂或屋檐上，平时用来晾晒衣服、节日时用来挂灯笼而形成的又一番景象。街两边众多店铺小肆，一家挨着一家，经营着日常生活用品，小本生意发不了大财，况且顾客并不多，大约也只是补贴家用，那些经营民宿、农家乐的，相对好一些。

街面是用石板和鹅卵石铺成的，平整干净且有点古朴。据街上老人讲，20世纪60年代时，街面还全是青石板，被岁月踩磨得油光锃亮，雨后不积水，月下有反光。老街的青石板底下，建有一条贯穿全街集洗涤、纳凉、泄洪、消防于一体的水渠，叫太平沟或太平官沟，是古镇最具特色的一大景观。太平沟设计科学，使用方便，引蒲溪水从镇西石壁湾流入，缓缓地流过家家户户的门前，每隔一段开出一口子，筑有埠头，砌有踏步，便于老街居民洗涤、取水。在现代自来水接通之前，女人们一早挎着竹篮，一路嬉笑打闹，到太平沟里洗菜浣衣；炎热酷暑时男人们敞胸露背，三五成群，在太平沟清凉透彻的水里濯足沐身。如果街上失火引起火灾，就近取水，太平沟是最近的消防水源。如果流年不利，遭遇暴雨洪水，太平沟便是最有效的泄洪通道。

太平沟何时由谁开凿，至今说法不一，但其已成为老街居民日常生活中不可缺少的一部分，是古镇百姓的生活之水、纳凉之水、防灾之水，河桥人自傲地称之为吉祥之水。因而有人说：沟活，则古镇兴；沟淤，则古镇亡。驻足在镇东太平沟的出水口，我注视着从沟里潺潺流出冲入柳溪江的清流，仿佛看到了千年从无断涸、至今更加活畅的太平沟。

枪声灼灼

河桥既有千年的悠久，又有近代的辉煌。抗日战争期间，地处浙西山区的河桥镇本应该是枪声不闻、歌乐升平的大后方，谁承想这里的抗战成了正面战场的最后一战。“抗战起自卢沟桥，抗战结束在河桥”，这是当时主流媒体对河桥一战的赞誉。

走进昌化溪畔南屏山公园，你可以看到矗立在园内的两块青石碑，一块是抗日誓死碑，一块是昌化保卫战胜利纪念碑，镌刻着河桥的抗战烽烟。

1937年8月13日，淞沪会战打响，两个月后，数万日军从平湖、金山卫登陆杭州湾，杭嘉湖渐次沦陷，之后国民党第三战区挺进队第一纵队、忠救军、28军、广西军192师等多支部队驻扎在河桥，一时间河桥成了浙西军事政治中心和大后方，街上熙熙攘攘，人来车往，格外热闹。

1939年，驻守在河桥的国民党第三战区挺进队第一纵队奉命开赴前线，临行前在河桥老街盐置坦举行誓师大会，军队、学生、居民和当地保安队等三千人参加，场面浩大，群情激昂，歌声、口号声响彻云霄，由总指挥丘玉林宣读出征誓言：“倭寇侵犯，踞我疆领。吾为自卫，御侮图存。缨冠披发，屡挫凶锋。士气振鼓，赫赫干城。实行主义，挺进金陵。再接自厉，拯救生灵。光复失地，成功成仁。服从统帅，图强励精。开来继往，正气蓬生。誓师东指，挞伐用伸。矢勤矢勇，必信必忠。大道之行，天下为公。”

慷慨激昂的誓言，气贯长虹，声震山河，在河桥上空久久回荡，激励着将士们奔赴前线英勇杀敌，也在古镇燃起了抗日救国的熊熊烈焰。次日部队整装出发，河桥百姓端酒送茶，学生们高唱“军队和老百姓，咱们是一家人，上前线打鬼子，咱们是一条心……”，夹道相送。而将士们则高唱《出征歌》：“别爹娘，整军装，背上枪，上战场。爹娘妻子不必送，好好男儿志气强。我们不怕死，我们不怕伤，杀尽鬼子方罢手，高歌胜利返故乡。”歌声嘹亮，旌旗招展，鼓角齐鸣，锣鼓喧天。

上述铿锵出征誓言，后来由丘玉林将军亲自撰写并铭刻于石碑上，题首为“第三战区挺进第一纵队誓师碑铭”，这就是抗日誓师碑。伫立碑前，默念誓言，荡气回肠，精神振奋，信心倍增，眼前仿佛出现千军万马，正以排山倒海之势向日寇侵略者冲杀过去。

1945年，杭徽公路切断后，日寇的军车、坦克、骑兵无法直接进到昌化，于是日寇一边派飞机到昌化南面的屏障河桥投放炸弹，一边又派部队企图从水路沿富春江、分水江、柳溪江窜至昌化，在河桥遭到了中国军队的猛烈阻击。

一场艰苦卓绝、血染柳溪江的阻击战在古镇河桥发生了。那是1945年8月10日上午9时，日寇数千人兵分多路猛扑河桥，驻河桥的忠义救国军、保安队等奋勇战斗，阻击日军，反复争夺河桥，数次敌我易手，至8月13日，苦战三天三夜，最终击溃日本侵略军的进攻，保住作为昌化屏障的河桥，取得了阻击战的完全胜利。

8月15日，日本正式宣布无条件投降，也就是说，河桥之战是正面战场的最后一战。在庆祝胜利之际，有人振臂高呼：“抗战起自卢沟桥，抗战结束在河桥！”此一呼，竟成为当时最响亮最受拥护的口号，《民族日报》《浙西日报》等主流媒体亦以此做题纷纷报道，盛赞参与此战的部队和战士，大宣此战的重要意义。

为了纪念河桥之战的胜利，也为了庆贺昌化县城的安全无虞，由当时昌化县县长方元民撰文，行政干训所教育长梅萼书写，刻石为碑，碑额为：昌化保卫战胜利纪念碑。此碑于抗战胜利纪念日（1945年9月3日）那天立在昌化溪畔南屏山。

山水怡怡

河桥群山环绕，秀水蜿蜒，钟灵毓秀，风景优美，犹如一位淳朴秀美、蕙质兰心的少女，朝霞初升或斜阳西下时，玉立在柳溪江畔，使这里的山水更具神韵。

河桥地质古老，地貌多样，境内群山绵延，峰峦起伏，江流溪谷纵横，盆地高坡相间。镇南有三座高山，海拔均在千米以上。远望诸山，数峰峥嵘，雄峙壮观，云雾缭绕，其中和尚坪（竺云山）最负盛名。有诗赞曰：

翠叠群峰上，岚光带晚烟。
林深攒落日，壁断抉寒泉。
云浪翻空海，松清引碧川。
临泉长啸发，万籁起瑶天。

和尚坪又称何上坪，因八仙中的何仙姑曾在此山筑庵为尼并成仙飞升而得名。据传何仙姑是河桥览村人，年少时进山砍柴，遇见吕洞宾、张果老、铁拐李，三位仙人见其聪明漂亮，遂给以仙桃、神枣、云母，仙姑吃后从此永不饥饿，且能预知未来吉凶祸福。现和尚坪西边山下有个叫比坞的村子，全村人都姓何，传说何仙姑就出生在这里，村中还有个仙姑庙，村民逢年过节都会去祭拜她。

传说归传说，其实叫“坪”的地方，一定是比较大的平坦的草地或高地，和尚坪顶上就有一块数百米大的平地，没有参天古树，也非怪石嶙峋，环顾四周，满目灌木茅草，实际上是一块高山草地。

站在古镇远眺和尚坪，青翠黛绿，莽莽苍苍，好像一个巨大的屏障，终年护卫着河桥。夏天，和尚坪挡住了从东南来的暴风骤雨，狂风暴雨一到河桥就变成了微风细雨，有时和尚坪上大雨滂沱，而河桥却是阳光明媚。当地有民谚“和尚坪落雨好晒谷，玉屏山落雨敲破屋”，说的就是这个特殊的气象。冬天，河桥四周田野阳光融融，而和尚坪顶上白雪皑皑。

攀登和尚坪最好走石室寺这条路，相对近一些，走过曹家村，翻过一条岭，再往里走五里许，石室寺就在面前了。从前石室寺香火很旺，这条路上信徒络绎不绝，也有许多文人骚客留下了不少诗文。史书记载，和尚坪顶上曾有庙宇，名“竺云上庵”，为宋代所建，现可以在茅草柴蓬中找到庵址，见到几处断壁残垣。其实再红火辉煌的庙宇或建筑，都将随着岁月逝去而荡然无存，唯有像和尚坪这样的大山，才能永恒屹立而独具魅力。

河桥四周还有许多山，白云山、玉屏山、留尖山、扁担山、笔架山、齐头山、镇龙山……座座伟岸，山山壮观。有山就有谷，有谷就有溪。雄伟挺拔的大山，犹如英俊的男人需要温柔的美女陪伴一样，需要清澈秀美的溪流相伴。河桥有多少崇山峻岭，就有多少清流江溪，最有名的当数清丽脱俗的美人河柳溪江了。

柳溪江属钱塘江水系，由昌化溪、昌南溪、蒲溪在河桥汇合而成。《水经注》中记载："又名此水为赤濑，盖以倒影在水故也。紫溪又东南流，径白石山之阴，山甚峻极，北临紫溪。又东南，连山夹水，两峰交峙，反项对石，往往相捍。十余里中，积石磊砢，相挟而上。涧下白沙细石，状若霜雪。水木相映，泉石争晖。"

柳溪江风光秀丽，被当今旅游界誉为"浙西美人河"。你若有机会到河桥，一定要去柳溪江漂流，欣赏美人河三十里的两岸风光。漂流从乌珠山下的云浪桥头开始，站上竹筏远望，眼前是气贯长虹的云浪大桥，因岸边有个云浪村而得名。据说是借当时住在村里的杭州知青的光而造起的，因而也被人称为"知青桥"。筏过乌珠山，前面是马屋潭，江中碧水盈盈，江上竹筏点点，江右岸是古河桥镇遗址，曾经十分繁华。对岸山谷，曾是拴马的地方，马屋潭由此而来。过了此潭，就是三条溪交汇的三溪口了。在古时，这里江面舟船排筏往来穿梭不断，靠岸停泊如云，一派繁忙景象。过了三溪口，一路可以领略白云山、镇龙山、溪坞口、仙姑岛、马头山等两岸山色风光，可以欣赏白下潭、仙坑、大流滩、鱼潭、青山殿等江中的急流险滩、碧波秀水，最精彩最惊险的江段就是大流滩了。

大流滩又名大柳滩、大溜滩，过去这里山高水急，怪石嶙峋，旋涡连连，巨浪滔滔，险象环生，官船民筏过此滩胆战心惊，视为畏途，有民谣为证："柳溪江呀十八湾，最险莫过大流滩。行船如过鬼门关，十条木排九条散。""无限风光在险峰"，最险的地方，风景独好。清澈碧蓝的深潭，声如雷霆的湍流，参差突兀的巨礁，高耸壁立的危崖，幽寂黛绿的山谷，都是极致的精品旅游景点。现在，下游青山殿大坝建成

柳溪江依古镇而下 （刘华先 摄）

水位升高后，高峡出平湖，礁石沉江底，青山映水中，江面平似锦，又是一番精美景致。

河桥是值得去看的。悠久历史是骨骼，璀璨文物是肌肉，厚重文化是血液，独特山水是经络，构成了永恒不倒的千年河桥这一立体巨人，继续吸引着人们前往，而河桥人民正在续写着古镇河桥、生态河桥、富裕河桥的大美文章，也许未来某一天再次走进河桥，展现在你面前的是“再度繁华”。

万山环抱苍翠色，一水依傍清澈流。
溪口排筏似星灿，江上一枕钱塘头。
参差斑驳徽州风，古街流光长悠悠。
宅巷里弄胜迹多，千载文明续春秋。

郑新浦 文

柳溪江边古镇 （刘华先 摄）

江　山

神鹿入溪浪　须江出仙霞

钱江滚滚流，溯洄去哪沟？有说指天上，也言山谷幽；七峦与八岗，一水万涓收；千年遗址在，石墩藏春秋。

江山市仙霞古道清湖码头遗址前的一块古石墩边，是一波碧水清湖，乃是钱塘江重要的支流江山港，俗称须江。

须江发源于仙霞山脉北麓，全长134千米，《汉书·地理志》称“瀔水”，又称“鹿溪”，后改名为“大溪”。在当地人的共同记忆中，几十年前的鹿溪多次发大水，上游被山洪冲垮的房屋木梁，以及家具、家畜家禽等会顺流漂到大溪滩一带。

兴修水利、改造河山后，灾害一年比一年少。特别是进入21世纪以来，鹿溪尽管依然时而安静时而激昂、时而从容时而咆哮地日夜不断向东北方向流去，尽管仍然在诉说着风风雨雨、坎坎坷坷、波澜壮阔的历史沧桑，尽管还在无私地孕育着一代又一代不屈不挠、勤劳勇敢、创业创新的仙霞儿女，但是她和众多支流，诸如绮丽的清溪、委婉的文溪、潆洄的梅溪、清幽的嵩溪、妩媚的芳溪、含蓄的念溪、恬静的逸溪和文

江水清净，倒影清晰，市民和游客在悠闲地垂钓 （刘华先 摄）

雅的墨溪，却变得越来越如诗如画，美不胜收。

正如诗人周晋光《登须江阁》所言：

一江两带晴方好，双塔三泉雨亦妍。
翘首高台宜把酒，心潮澎湃唱新篇。

古今传奇道不完

在雍正《浙江通志》卷十八的记载中，大溪，“一名鹿溪，亦曰鹿头溪”。为何又称鹿溪或鹿头溪呢？这里有一个神奇的传说。

相传须江两岸林木葱茏，鸟语花香。隋朝初，有一猎人叫高百关，他善良勤劳，在山丘中养鹿600余只。高百关与梅花鹿、白唇鹿、麋鹿等各品种鹿日夜相处，认真梳理其皮毛，整修其角枝，群鹿则悠悠然，与高百关形影不离。

有一天，在一阵狂风中闯出一只饿狼，它张牙舞爪，凶恶地追逐群鹿。高百关见势不妙，急忙持一长竹竿挥打恶狼，并趁机将群鹿赶至溪边，打算渡水上古妙莲洲避难。

群鹿刚一下溪，不料一个急浪迎面而来，顷刻间600多只鹿销声匿迹。远近民众闻讯，无不称奇，故将此溪称为鹿溪。嘉靖《衢州府志》中也有“鹿头溪，高百关逐鹿于此”的记载。

故事中提到的古妙莲洲就在须江中游，著名诗人刘毅先生的家就在鹿溪古妙莲洲，遂号妙莲外史，专著有诗集《妙莲居吟稿》等，其诗《闲居》言：“身同五柳思栽菊，心慕青莲懒上舟。”

仙霞古道边的确散落着许多有“鹿”字的地名，如鹿来、鹿山寺、鹿溪堰、鹿溪渡口、鹿溪浮桥等。中华人民共和国建立后，有鹿溪公社、鹿溪中学、鹿溪医院等。改革开放后，有鹿溪路、鹿溪大厦、鹿溪山庄等。鹿是比较温顺善良的动物，它又与“禄”同音，或许是人们希冀吉祥的用语。

清代诗人钟定在《鹿溪晚泊》诗中曰：“青山隔岸鹿溪长，嘉树浓阴透晚凉。滩急声高星影动，夜来犹有蕙风香。”当代诗人毛泽黎《鹿溪即景》诗则言：“一溪碧玉走江城，花树沿溪照眼明。石上浣衣传女笑，绵蛮疑是画眉声。”

沿仙霞古道和须江边一路走来，早已被遍地古色古香的建筑以及古老的传说感染。

在清溪畔，流传着一个“不上礼（里）”的故事。

从前，有个穿戴贵气的公子哥，骑着一匹棕色高头大马，从县城出

随处可见的旧街老屋，沿小巷可以直达须江边 （周 进 摄）

发去小清湖访友，但在清湖岭头迷了路。

刚好路边有位老汉在挖地，他就神气活现地高声问：“嗨，此地到小清湖还有多远？”老汉一听，此人好无礼，岂有这样问路的！古人言“有礼走遍天下，无礼寸步难行”，我老汉今朝要替你爹娘教训教训你，让你懂得这个理。

于是，老汉装作毫不介意的样子，笑眯眯地答道：“还远着哩，我看你还是先在这歇夜，明日再去吧！”公子哥不依。老汉笑笑说：“那好，你听着，从这往前走，到一个叫下睦的地方向左转过一道弯，翻过一座岭，下岭过一条溪，再过五条岗，见到村口一棵大樟树进去就是小清湖。”

公子哥一听这么远，害怕独自行夜路，也不言谢，就调转马头径自回县城去了。

次日，公子哥气呼呼地骑着马又来到清湖岭下。老汉仍在那里挖地，公子哥本想责骂他，但毕竟念过书，又想起自己昨天的无礼，于是下马恭恭敬敬地鞠了一躬道：“老叔呀，您也真会开玩笑，别人告诉我此地到小清湖还不上一里地，怎么您昨天说得那么玄，害我来回跑了这么多冤枉路，白白耽误了我的时间。”

老汉见这小伙子已有所悟，心想“敬人者，人恒敬之”，于是便说道：“小后生，这里去小清湖是不到一里路，眼睛好，从这里向前瞧就可以看到那村口的大树。昨天，你先‘不上礼’，我也就说得‘不上里’了。要是昨天你知道这个礼，那么，这不上一里路的地方，就不会走到今天了啊！”

满眼喜事看今朝，道听途说有古韵，仙霞岭下还有个穷秀才“吃白食”的民间故事。

相传从前有位秀才，父母早亡，家境贫寒，无力再上京赶考，但读书持续不懈，始终不弃。饿了，只要碰着熟人进饭馆上酒铺，他便跟着端起饭碗就吃，提起酒杯就喝，从不付钱，人人都称他为“白食先生”。

一日，有个风水先生约了歌伎、草药郎中，三人合计一定要让白食先生付一次钱。正好白食先生来到酒店门口，风水先生拱手说：“老兄进来喝两盅？”白食先生想，送上门来的岂能不吃。四人落座后，风水先生说：“今天我们喝出点雅兴如何？”白食先生满口应承。风水先生又说：“我们结合自己的行业，嵌上天、地、大、小、千、万、有、无这些字来做对，对上了喝酒，对不上付酒钱。”白食先生连说可以。

风水先生先开对：“天有天文，地有地理，大风水看过千千万，小风水阅过万万千，若问哪处发，答曰无。”

歌伎接着道：“天有天姻，地有地缘，大相公见过千千万，小相公面过万万千，若问有情否，答曰无。”

轮到草药郎中，他清了清嗓子道：“天有天门冬，地有地骨皮，大毛病看过千千万，小毛病医过万万千，若问医好吗，答曰无。”

最后轮到白食先生，但见他不慌不忙先呷了一杯酒，然后才慢吞吞地说：“天不杀无禄之人，地不生无根之草，大白食吃过千千万，小白食品过万万千，若问有过钞，答曰无。”

这一下大伙傻了眼，结果还是让白食先生白吃了一顿。

尽管传说和民间故事无法一一考证，但一个穷秀才已经穷困潦倒，仍奋发读书，可见本地学风之盛。

传统文化代代相传，须江两岸新风拂面。我们走访的平棋村在20世纪70年代末，年人均净收入仅100元，村民住的大多是破旧瓦房。90

年代初，该村被评为衢州市奔小康示范村。现在农业户口人数只有1/4了，人均年收入在10年前就达到了万元，集体经济每年百万元以上。我的家乡紧挨须江，现在属于上余镇高洋村的一部分。得益于改革开放，与过去相比，我的家乡已经发生了翻天覆地的变化，20年前出现楼房，十年前有了农民企业，如今有了电商和农家乐，站在村边放眼望，近处须江水蓝蓝，远处高铁车飞翔，早已换了人间。我的父亲就是靠读书走出山村的，过去每次回乡，乡村干部都要问他发展的妙招，他每次都说让每个孩子都好好读书。浩荡须江水是一滴一滴从源头而来的，读书是传承发展的源泉。

在考察中，江山市古文物研究专家徐青一眼在一片断墙残垣间发现了宝贝，他从一处30厘米高的残存墙基里抠出一方大砖，细究之下，竟

古文物研究专家徐青（右二）现场解读“汉砖”　（刘华先 摄）

是一块“汉砖”。三面有图文，有铜钱纹等，铭文有“周”字。周氏祖上曾为官家制砖，这也许就是出自周氏的产品。

当夜遂填《卜算子·回故乡》一首:又见三爿山，乡意浓心底。已是初冬放眼黄，更见须江喜。有意走民村，一路风光美。石器陶砖伴世尘，诗画英雄地。

两岸人杰话不尽

钱江源头文化厚重，须江两岸有讲不完的故事。江山历史上出过9位尚书、240多名进士。其中，9位尚书之绝大部分为须江畔的清漾毛氏，如音韵学家毛晃、毛居正父子为宋代礼部、户部尚书，而毛恺则为明代礼、吏、刑三部尚书。清漾毛氏后裔中进士有案可查的也多达83人。在近1600年的历史中，清漾毛氏家族耕读传家，人文荟萃。如受知于“三苏”的北宋著名词人毛滂，江山第一个状元南宋开禧年间（1205—1207）的毛自知，近代国学大师、北大图书馆馆长毛子水等。《永乐大典》《四库全书》等典籍中收录的历代清漾名人著作也为数不少，曾经到访过清漾并留下诗词的文人雅士更灿若星辰。

据江山市原副市长何蔚萍所言，《清漾毛氏族谱》由北宋龙图阁待制毛渐于北宋元丰六年（1083）初纂，记录了毛氏的繁衍、迁徙情况。毛氏后裔毛元琮，字公远，号清漾，于梁武帝大同年间（535—546）从衢州迁入须江清漾，清漾因清漾公而得名。清漾公后裔现居江山者有十三祠，分布各个乡镇，人口5万多。从清漾外迁云南、江西、湖南、福建、安徽等省及浙江本省的奉化、龙泉、遂昌、丽水、余姚等地的毛氏人口不计其数。

《清漾毛氏族谱》是意外被发现的。1999年，何蔚萍从江山市档案局局长徐焕华处获悉，石门镇清漾村毛氏后裔欲将祖传的66本《清漾毛氏族谱》转手卖给兰溪毛氏。何蔚萍提出，经历代兵燹浩劫得以幸存的族谱，极可能是珍贵文物，不能外流。后江山互感器厂厂长、清漾毛氏后裔毛赛春获知此事，出资购下族谱，捐给江山市档案馆。

因为发现了这个“宝贝”，一直从事这方面研究的郑艮安先生，考证出清漾村是江南毛氏家族的发祥地。2002年3月，清同治八年（1869）续修的《清漾毛氏族谱》入选《中国档案文献遗产名录》，荣列首选48件（组）国宝之一。

原来小小的古村落蕴含着大文章，一时关注者纷至沓来。2008年4月，清漾毛氏文化村初具规模，对外开放。

清漾又叫青龙头，环顾四周，北、东、南三面都是山林，葱茏的山岭蜿蜒起伏，曲折盘旋，犹如一条青龙。西侧万顷田畴，村庄犹如一颗明珠镶嵌其中，整个地理环境仿佛一幅游龙戏珠图。东侧还有古老的清漾塔，村口林木茂盛处高悬一瀑，落差60米，名“剑瀑”，清泉悬空而下，甚为壮观。

瀑布另一侧山上有一高20米的天然石门，这就是石门镇名字的由来。剑瀑之水流入文溪，文溪穿村而过，一路蜿蜒流向须江。魁梧的千年老樟树屹立在村头，见证着这一切。

江山对历史文化村落的保护历来重视，清漾村在20世纪80年代就被列为江山市文保单位，还存有“清漾祖宅”一匾，乃胡适亲笔题写。

须江边立德立功立言的名人很多，有感人事迹的草根人物也不少，全国劳模就有5位。这些仙霞儿女、须江子孙，有的勇于探索、乐于奉献、善于创造，有的勤奋好学、开拓创新、建功立业，有的坚守基层、

清风正气模范人物范匡夫家乡大夫第村保存完好的老祠堂，首届在外人士恳谈会在这里举行（刘华先 摄）

坐落在余航村的浙赣铁路桥老桥墩，见证了历史沧桑 （刘华先 摄）

务实肯干、默默奉献，都被广泛传颂。

须江儿女不仅爱学习，勤劳动，还善武。平棋村在清代出了林男一家的武状元、武探花；清道光年间有率官兵在慈溪大宝山抗击英国侵略军而以身殉国的林怀玉；近代有积极投身抗日救亡活动却遭当局逮捕，在上饶集中营遭折磨至死的共产党员徐葆兰等。红军时期，从浙闽交界的水安桥畔，须江清湖渡口，到仙霞最高峰大龙岗上，军民鱼水深情催人泪下，粟裕将军曾说过："当年来自仙霞岭的革命霞光，映照得浙西南一片火红。"全面抗日战争时期，有贺村镇湖前村三位徐姓农民冒死救护美国飞行员的故事。解放战争时期，有协助解放军浙赣线歼敌的事迹。

山水之间说地灵

名山蕴玉铸美文，活水灵动润新诗，须江两岸的人文得益于源头的山清水秀。话说须江上游有个叫峡口的灵秀之地，那里还有堪称"中国一绝"的神奇峡里风。其有三奇：一奇是"日落而刮，日出而歇"；二奇是"有风即晴，无风则雨"；三奇是"习习峡里风，好晾龙凤肝"，老百姓把一副酱猪肝挂几天就成了美味。

关于"三奇"，流传着这样一个故事。说是在很久很久以前，峡里百花岩山的"龙宫"里，住着一位老龙王。龙王的样子很凶，却有着菩萨心肠，他看到那一带的山农经常在山坡上砍柴、开荒、种茶、割麦，辛勤劳作，每年盛夏，山农们犹如置身在火焰山上，被太阳烤得大汗淋漓、双颊黝黑，于是他便打开"龙宫"大门，放风出来为山农们降温。

那时，有个住在附近柴村叫柴头闯的年轻猎人，他力大无比，有着一副天不怕地不怕的侠骨豪胆，经常在仙霞岭一带打猎。有一次，他爬上百花岩山，悄悄地闯进了“龙宫”。他看到一根龙头拐杖，上面还有闪闪发光的龙珠，非常漂亮。正巧老龙王睡着了，他就拿过来玩了起来，不小心把老龙王吵醒了。老龙王以为柴头闯要偷自己的龙头拐杖，便一爪子把柴头闯推出了“龙宫”。从此以后，老龙王白天总是将“龙宫”的大门紧闭，直到太阳落山后才打开。那柴头闯则因老龙王的一爪子，腿受了伤，再也不能爬山打猎了，只好默默地在百花岩山对面的坡上种地为生，像牛一样辛勤耕耘。后来人们把那座山称为“牛头闯山”。

《华夏风采》杂志编辑部原主任、江山人徐忠友在《江山多娇》中说道：20世纪70年代初，在峡口建了水库，那个被称为“龙宫”的石灰岩溶洞也同时被淹没了，只有老龙王那根龙头拐杖还在，因为有人说水库大坝和靠右边的电站就像龙头拐杖，而柴头闯去世后化作一个石峰，守护着这个天然的大冰箱。

不远处的峡口合新村，有个山崖尾遗址，被列入“2018年浙江考古重要发现”。遗址坐落在一处山前岗地上，海拔约179米。2018年上半年，浙江省文物考古研究所对遗址进行发掘，发掘面积600平方米，确认其为浙西南仙霞岭山地新石器时代末期的考古学文化，年代上限在良渚文化晚期，下限至夏末商初，距今约4200至3700年，清理出墓葬59座、灰坑45座，另有少量商代遗存。这次发掘揭露了一处好川文化聚落，丰富了好川文化的内涵。

在历史悠久的平棋村，考古工作者先后在老虎山、大南门外、航埠山等发掘了11处古文化遗址，出土文物数十件。其中有隋代的四系盆口

坐落在江山城区边沿的平棋村有11处文化遗址，田野里不经意就能捡到不知是哪个朝代的古瓷片、古陶片（刘华先 摄）

壶、双耳弦纹罐，唐代的青瓷大碗、碟，宋代的执手观音镜、陶兽等。标志着村区古文化发达的建筑物如探花厅、进士厅等，现虽已不复存在，但被列为市（县）级重点文物保护单位的景星塔、烟萝洞摩崖题刻等名胜古迹依然保存较好。

此外，在江山的不少历史文化古镇中，最特殊的是廿八都，其镇连三省，方言十三种，姓氏有140多个，明清古建筑群也保存十分完整，这在世界上也是独一无二的。

须江边的山，当首推众所周知的江郎山，这是“中国丹霞”系列世界自然遗产之一，不仅聚岩、洞、云、瀑于一山，集奇、险、陡、峻于三石，雄伟奇特，蔚为壮观，且群山苍莽，林木叠翠，窟隐龙潭，泉流虎跑，风光旖旎。唐代著名诗人白居易赞曰：“安得此身生羽翼，与君来往共烟霞。”大地理学家徐霞客三次游此地，真是“霞客”，他把江郎山与雁荡山、黄山和鼎湖峰进行比较，赞叹此山“奇”“险”“神”。

小江郎山相对鲜为人知，它坐落在钱塘江流域离出海口最远的古码头所在地清湖。清湖旧有八景，最著名的当数小江郎。雍正《浙江通志》载：（小江郎山）“在清湖，峭石悬潭，与浮桥映带，鲦鱼翕聚，宛然濠濮之间。”

前面说到的柴头闯，与小江郎山也有一段故事。相传古时，须江上游百里河道曾被一蛇一蛟霸占，蛇喷毒火，蛟掀恶浪，此起彼伏，灾祸连年。百姓叫苦连天，却无可奈何。此时，仙霞岭下那位力大如牛、胆大无比、遇难事必闯前头的少年英雄柴头闯，决心为民除害。有一天，他在路上遇到一位鹤发童颜的老汉，就上前讨教。老汉告诉他：仙霞岭南五显岭顶，住着五显大仙，如果能取得他洞口两扇石门和一根铁门闩，挑到山峡口，闸断须江，等待上游水满，一定能淹死蛇妖，而下游水断溪枯，也必定能渴死恶蛟。老汉还暗授了搬动石门的秘诀。柴头闯依老汉之言，来到五显岭大仙洞府，说明来意。大仙料他无此神功，便假惺惺说：“为民除害乃是好事，岂有不借之理？你只管搬吧。”柴头闯喜上心头，即时念动秘诀，将石门用铁闩挑起就跑。五显大仙大为惊恐，遂拼命追赶，一路追至须江边，两人一拖一搡，两扇石门脱闩而去。一扇落在江郎山，裂成三爿石，雄伟奇特；一扇掉在清湖潭，也裂开三爿，没于水中为礁，唯干旱之年可见，便是小江郎山。

旧时，江山船户常年驾船往返于清湖与杭州之间。清湖自东汉始称市镇，唐宋时因水运经钱塘江可直通京杭大运河，陆路越仙霞古道可直达福建，是“海上丝绸之路”向内延伸的重要陆上运输线的起点，水陆交通便捷，为浙、闽、赣三省边界最重要的货物集散地和客运中心，是浙西著名的文化、商贸重镇。

船户常年在清湖与杭州之间往返，一度还形成了声势浩大的江山船帮。有一年除夕，一名客商遇急事欲从杭州返清湖，来到杭州南星桥钱塘江渡口租船。船主对客商说："你好好在船上休息，我保证在正月初一早晨把你送到清湖过年。"客商担心时间紧来不及，再三催促白天就开船赶路。船主却并不急，非要到晚上才动身。无奈，客商只得在船上眼巴巴地等待天黑。入夜，风起，船起航。果然清晨就到了清湖码头。这名客商大奇，问船主大名，船主回："周相公。"后来，撑船人认为"周相公"是保护神，就集资在浮桥头建了一座"周相公殿"。每年农历四月初八，所有撑船人都要集资请戏班子唱戏三日，拜祭"周相公"，以求庇护福佑。

当年的富商留下的大宅院，曾作为粮仓　（周　进　摄）

到清中叶，清湖已成为“十里城南路，舟车此地纷”的繁华集镇。清湖码头坐落在我们考察路线上的清湖一、二村，此码头虽然是钱塘江上游最远的码头，但因水深、波平、流缓，为船舶停泊之天然良埠，故为著名水陆码头。晚清至民国初年，清湖有17个码头、1000多只航运船、9家船舶制造厂、5家船舶修理厂，一度成为浙西最大的商埠。其时，清湖有盐商绍兴帮、南货商徽州帮、绸布商江西帮、山货商福建帮和特产商江山帮等。在长约2000米、宽约1500米的清溪两岸就有古建筑130多幢，超过一般旧县治的规模。

清康熙年间有浙闽总督道过清湖，常住泗洲堂驿站，见清湖风景优美，乡人好客，便将家眷移置于此。百姓以为总督夫人定是个美人，都去偷看，不料看到的却是一脸麻子，一双大脚板。久之，老百姓知其好脾气，有笑其貌丑者，她则淡然自嘲说：“莫要看我的脸，莫要看我的足，要看我的胚（肚子）。”意思是生的儿子也要当总督，为民造大福。“你们要有我这等福，还要尿桶底下笃三笃。”意思是你们转三世也不一定有我这福分。其人虽丑话虽粗，心地却良善，居清湖期间，为地方做了不少好事，如修建清湖浮桥时，她就慷慨解囊。

史料记载，凡福之丝绸、漳之纱绢、福兴之荔枝、福延之铁、泉漳之糖、顺昌之纸，无日不走仙霞古道达清湖，而下吴越如流水；凡苏之锦缎、杭之花布、赣之棉布、沪之百货、宁绍之食盐、舟山之海鲜、徽歙之南货以及婺之火腿、衢之柑橘，亦无时不由水路至清湖，经仙霞岭发运闽北、闽南。其时争水取陆行车使轿，争陆取水行舟驶筏，如梭如织、络绎不绝，商铺如林、人来人往，欢歌弹唱、灯火辉煌，俨然一个小上海。

现今共存有码头遗址4处，占地约3000平方米。站在码头石墩边，抬头看到保存完好的门亭，上书“清溪锁钥”，是国军第100军军长刘鸣求所书。亭北即是“九清浮桥”，是旧时从县城入清湖镇集必经之路。过桥进门亭后，经西北面走可到清湖岭头，出镇南沿仙霞古道去往仙霞关。按照乡村振兴规划，自2017年始，当地政府逐步着手打造以“古码头”“小江郎”为核心的休闲度假、古镇风情村，以“修旧如旧”的方式，让八角井依然是人们记忆里的模样，让老石板恢复昔日的短长，让古街亮丽，让田埂花香。

有道是：古今多少事，好样水边人，人杰都为善，仙霞又遇春，须江东北去，几度耀星辰，功德千秋在，江山有贵珍。

周　进　文

清湖码头是钱塘江上最远的码头，岸上保存着完好的清溪锁钥门亭和正在修复中的侧房，入门洞可以通达仙霞岭　（刘华先 摄）

遂 昌

九龙戏水闹春晓

九龙山系钱塘江上游乌溪江的集水区，整个水系呈羽翅状，形成“九脊六沟”，从东西两个方向流入毛阳溪、周公源和碧龙源，汇合于乌溪江，滔滔不绝奔向钱塘江。

九龙山真美。自然资源优越，生物资源丰富，生态系统完整，古木参天，绿树华盖，山环水绕，花团锦簇，风光无限，景色迷人，至今保持着原始状态。有植物173科637属1340余种，仅国家级重点保护植物就有18种之多。有490多种动物资源，其中哺乳动物43种，鸟类42种，爬行类32种，两栖类20种，昆虫类350余种。在那奔腾不息的溪谷里，生活着各种各样的鱼类，还有那神秘的“野人”传说……九龙山堪称“生物基因宝库”。

九龙山真奇。山地陡峭，高峰群集，山顶有古夷平面残留，重力坡地貌广泛分布。主峰周围簇拥着海拔千米以上的山峰53座，其中1500米以上的山峰28座。沟谷蜿蜒幽深，悬崖峭壁险峻，嶂岭雄横，气势恢宏。九龙仰天、神仙脚印、八仙钓台、十八罗汉、大小钟鼓、大岩十

遂昌九龙山国家级自然保护区牌楼　（刘华先 摄）

门、金交椅、饭蒸坛、含晖洞等奇观争艳，特别是九龙居对面西侧山坡上的那尊“九龙大佛”。九龙山国家级自然保护区负责人周惠龙指点我们观看，只见石壁凹凸状若佛像的头部，眼睛、鼻子、嘴巴和眉毛栩栩如生，五官端正，面貌慈祥。山顶轮廓线和植被对应勾勒出完美的体态，一个身着绿色袈裟、胸襟开阔、神情自然的“大佛”安详地伫立着，堪称自然界一绝。“九龙大佛”来自人们刹那间的灵感，还是上苍冥冥之中的安排？是大自然的造化，还是上苍留给人类的寓言？由此，越来越多的游客慕名而来。

九龙山故事真多。虚拟故事与真实文献交互穿插，以“超越真实的再现”，让你听了还想听，看了再想看。

山顶轮廓线和植被勾勒出的“九龙大佛” （刘华先 摄）

梦恋情歌

九龙山南麓有个大坪头村，村后有座山峰，峰顶有池，名为天池。池水清澈见底，池面鸳鸯戏水，天鹅竞逐，百鸟齐飞；奇花异草遍布，奇珍异果常见，四季如春，常年云雾缭绕。一天，王母娘娘带着七仙女姐妹从外地游玩归来路过此地，看到如此美景，便情不自禁地入池沐浴。而后，七仙女中的六仙女深深地迷恋上了这个地方，经常一个人偷偷地跑到天池来撒欢。

位于天池不远的白水际长岗坑有一龙井，其上瀑布高达百米，可谓碧水深潭。九龙兄弟中的八子负屃常盘踞深潭。那一天，负屃心里有点烦闷，就离开深潭去四周看看，正巧遇到貌美如花的六仙女在天池边赏花玩耍，看得他如痴如醉，神魂颠倒。而六仙女见龙八子儒雅斯文，风

九龙山小天池　（刘华先 摄）

流倜傥，也顿生爱慕。从此六仙女和龙八子常居池边，成了一对眷侣。

六仙女与龙八子游玩了九龙山的山山水水、村庄村落，十分喜欢这人间天堂，也深深地体会到山民是那么的淳朴、勤劳，那样的艰辛、贫穷。那一天晚上，他们吃不香、睡不着，翻来覆去、窃窃私语，萌生出慈悲之心：何不帮助这些山民脱离困苦？于是，六仙女双手合一，朝天一拜，忽然间，九龙山群山遍野开满了花，结满了果；龙八子浑身一摇，抬手一挥，转眼间九龙山大小池塘里的鱼在游，虾在跳。

天亮后，山民们看到满山遍野的花果，大小池塘的鱼虾，个个眉开眼笑，喜气洋洋。从此女人们上山采花摘果，男人们下塘捕鱼捉虾，男男女女唱着歌挑着担，在乌溪江畔做起了生意，山民的日子越过越红火。

日久天长，六仙女忘了回归天宫，他们的恋情被王母娘娘发觉。得知此事的王母娘娘大发雷霆，恼羞成怒，把六仙女抓回天宫，关进天牢，准备处以严刑。六仙女苦苦跪拜，求王母娘娘放自己到人间，与龙八子成为终身伴侣。姐妹们与六仙女感情特别深，也纷纷下跪求情。但王母娘娘不为所动，坚持按天规处置，以儆众仙。

龙八子天天守候在天池，日复一日年复一年，总不见六仙女到来。有一天，他睁开眼发现岸上有一棵树，像是六仙女对着他微笑点头。原来这棵树就是六仙女的化身，她死后来到人间，时刻陪伴着龙八子。说来也奇，这棵树只开花不结果，千百年来花枝招展，世人称为阴树王。

龙八子负质得知阴树王为六仙女化身后，就再也没有回到碧水深潭，因感念这段深情，他伏居在天池，长年累月、形影不离地偎依着阴树王。

大坪头村鼎盛时曾居住几百人，村民为纪念龙八子和六仙女这对恋人，曾建龙王庙和仙姑庵，四时八节热闹非凡。特别是那些恋人情侣、新婚夫妻，常来这里烧香朝拜，求龙王爷和仙姑奶奶保佑夫妻恩恩爱爱，白头偕老。20世纪中期，随着下山移民政策的实施，大坪头村民全部转移出大山，村庄恢复自然生态，池水保持着往日的平静，时有小鸟和天鹅光临戏水，那棵千年阴树王仍然枝叶繁茂、花开满枝，而旁边的龙八子负质仍静静地卧着，守护自己的心上人。

蔡相兄弟

九龙山上有个蔡源村，村后有道绝壁，绝壁中有个仙洞，仙洞里有二十四把金交椅，乃是蔡相二十四兄弟聚义成仙的地方。

相传五代十国末年，有一户蔡姓人家为躲避战乱，携妻带儿逃到九龙山上安寨定居，与当地村民一起过着刀耕火种的生活。自从蔡家来到这个村，村里三年内接连生了24个男丁，而且个个健康成长，身强力壮。最早出生的男丁取名蔡相，人高马大，英俊潇洒，且有强大的凝聚力和号召力。23位异姓男丁都围着他转，众人遂结拜为兄弟。蔡相自然为老大。蔡相及23个兄弟虽然家家都很穷，但都为人正直善良，常做善事。兄弟感情深厚，意气相投，难舍难分，忧患共担，乐福共享。

蔡源村郑家庄有个财主叫郑有财，勾结匪徒欺压百姓，谋财霸地，强抢民女，无恶不作，当地百姓对其深恶痛绝。有一天，郑有财进村逼婚，抢走了一位妙龄少女。蔡相兄弟为此打抱不平，他们连夜赶到财主家，将他家闹了个天翻地覆，救回了少女。

少女父母为了报答蔡相兄弟的救命之恩，一定要将女儿许配给蔡相为妻。蔡相认为这是不义之道，难以接受，婉言回绝。

蔡相兄弟平时一起开荒种地，砍树运木，什么苦活累活都干。他们不但勤劳勇敢，而且为人善良，助人为乐，解民之困。兄弟们常常拿赚来的钱救济村里最穷的人家，村里人都念蔡相兄弟的好，久而久之，他们声名远播，方圆几十里人人皆知。

又有一天，一名富商路过郑有财的果园，被几个匪徒抢了个精光。富商正伤心欲绝，正好蔡相兄弟路过此地，问明原因后，他们抄近路拦住了匪徒。几个匪徒有些武功，平时三五人根本近不了身。好在蔡相兄弟人多势众，蔡相本人也学过些拳脚功夫，匪徒怕吃眼前亏，丢下钱财各自跑了。

蔡相兄弟夺回钱财，还给了商人，商人感激不尽。蔡相兄弟知道这几个匪徒与郑有财串通一气，同流合污，狼狈为奸，郑有财一定会报复。从此他们白天干活，夜间练武，不畏严寒酷暑，从不间断。转眼间，三年过去了，兄弟们的武艺得到了明显提升。

郑有财把蔡相兄弟看成眼中钉、肉中刺，恨之入骨，千方百计寻机陷害他们。在一个漆黑的夜晚，郑有财以蔡相兄弟偷盗林木为由，伙同一帮匪徒冲进蔡源村抓走了蔡相的三个兄弟，把他们关进土牢，严刑拷打。蔡相和其他兄弟哪里咽得下这口气，他们手持大刀、铁棍冲进财主庄园，打得郑有财屁滚尿流，把一帮匪徒更是打得人仰马翻，四处乱窜。他们从大牢里救出三位兄弟，同时一把火烧了牢房。

这一下把事情闹大了，郑有财哪肯罢休，状告蔡相兄弟结帮造反。知县不问青红皂白，下令就地镇压，派了一队士兵把蔡源村团团包围。蔡相兄弟顽强抵抗，与他们对峙了三天三夜，最终寡不敌众，退至村后十余里处的九龙山东南缘千丈悬崖边。悬崖陡峭如切，危岩壁立，沟壑幽深。眼看追兵就要追来，蔡相飞身跳下悬崖，其余兄弟纷纷跟着跳下……

蔡相兄弟殉难后，当地村民认为他们跳下悬崖后并没有死，而是经一位仙人指引进入崖中山洞，洞中有24把金交椅，他们各坐一把隐身化神了。人们称他们殉难的岩壑为“蔡相岩”，绝壁山洞为仙洞，供香烛，焚楮帛，纷纷膜拜，毕恭毕敬。

光绪《遂昌县志》记载：“世传五代时，蔡氏兄弟二十四人，避地居此，殁而为神，至今血食一方。”民间流传蔡相成为神后，屡著灵异，在遂昌九龙山一带影响很大，乡民在蔡源、王村口、山前、官塘、岩坪等28个村均立庙祀之，成为独特的信仰文化，蔡源村自然成为蔡相之祖源，尊蔡相为大帝。宏伟壮丽的蔡王殿，以历史悠久著称于世。

明嘉靖二十四年（1545），民间建立蔡和班，同时有了蔡和脸谱。

蔡王殿　（刘华先 摄）

蔡王殿正殿　（刘华先 摄）

“蔡”代表蔡源地方，“和”是取和睦相处、和气生财之意。蔡和班按戏班管理，供奉唐明皇为班主，每年八月要在蔡王殿演戏娱神，春节要演戏庆元宵。清末民初是蔡和班最辉煌的时期，班内艺人荟萃，道具齐全，士气旺盛，生、旦、净、丑均为婺、衢之名伶，能演出108本大戏，被誉为处州第一名班。民国三十一年（1942）后，形势动荡不安，蔡和班逐渐衰弱。1949年后改为农村剧团，1980年蔡和班又重新焕发生机。一年一度的八月会，凝聚了民族文化特色，已内化为民众的一种心理需求和精神依托。

蔡和文化节热火朝天，舞龙、花灯、锣鼓队、巡游踩街、翻九楼等技艺绝活精彩刺激、夺人眼球，而家宴热闹喜庆、和谐温馨。文化节带动了蔡源经济发展，商店街市人头攒动，农家乐家家爆满，生意红火。

野人之谜

九龙山“野人”之谜，历来为各界人士所关注，至今已过去60多年。

那是1957年农历四月廿四日，在九龙山的小溪边传来一声放牛女孩的尖叫：“哎哟，救命呀！”正在溪边附近钩粪的徐福娣抬头一看，忽见不远处有一个毛茸茸的人样怪物正扑向她13岁的女儿王聪美……

徐福娣一边喊一边跑，奋不顾身地飞奔过去。那怪物见有人追来，骤然受惊，慌不择路，跳下三尺多高的田坎。然而巧的是，坎下是一丘刚翻过的水田，那怪物双脚陷在水田里不可自拔。徐福娣也不知哪来的勇气，随后赶到，举起四尺长的钩粪棒，使尽全身之力就是一棒，只听“咔嚓”一声，棒子断了，只有半截留在手里。怪物“嘀”的一声，倒在她的脚前。这时她举起半截木棒，朝那怪物一顿乱打，直至村里10多个妇女闻声赶到，众棒齐发，打得怪物一动不动。

众妇女把怪物拖上岸来，搬回村里，忽听“嘿……嘿……”之声，原来这怪物还未断气，又活过来了。于是众人又七手八脚地把这怪物狠狠地打了一顿，怕它还活着，索性找来斧头，砍了它的头。

人们议论开了，有人认为这是“人熊”，有人认为是“猴王”，更多的人认为是“野人”。

打死“野人”的消息飞一样传开了，前来看热闹的人川流不息，大家看到死了的“野人”，倒也不像传说中那样可恶可怕。在人们的传统思想里，认为打死“野人”是为民除害，算得上是一件大事，于是按传统习惯，把“野人”的手脚砍下来，送到县人民政府去请赏。

几经周折，“野人”的手掌被遂昌县西屏镇遂昌第一中学的实验室收藏了起来。可是半个多世纪过去了，科学家仍然没有解开“野人”之谜。

小时候听我奶奶讲述“野人”的故事，说在深山密林中有一种身披长毛的“野人”，见到人会紧紧抓住人的双臂不放，并闭着眼睛哈哈大笑一阵，等它笑完后就会吃人。所以山里人进山时，要在双臂上戴一副中空的竹筒，万一被“野人”抓住，待野人仰天大笑之时，迅速脱出竹筒，或逃跑或乘机打死“野人”。

这个故事在李时珍的《本草纲目》中也有记载，在九龙山一带也有这样的传说。据说很多年前，九龙山有一条树林茂密的山路，在这条山路上的凉亭里，专门放着竹筒供路人使用，以便他们逃脱“野人”的袭击。

20世纪70年代，因九龙山“野人”活动频繁，当地群众还组织过打

九龙山瀑布 （刘华先 摄）

“野人”队，有一些村民曾亲眼看到“野人”的活动踪迹。“野人”时常浮现在九龙山人的脑子里，挥之不去。但谁也说不清这到底是什么怪物。所谓“野人”是动物吗？与人类有什么渊源吗？直立行走却又遍体是毛，也许这神秘的“野人”和人类的原始祖先有亲缘关系？或者所谓“野人”只不过是虚幻的传说。

保护区科研人员始终没有停止过对“野人”的跟踪，他们在保护区内安装了红外相机。真想不到，2018年6月在整理红外相机数据时，保护区科研人员发现在3月26日上午8时21分拍摄到黑熊出现的视频和照片。据画面判断，目前保护区内至少有两只黑熊个体，这也是浙江20年来，继开化古田山、南华山后，第三次发现野生黑熊的踪迹。人们在观望，九龙山这个神秘的地方，也许会出现新的奇迹。

独山古寨

站在九龙山麓乌溪江畔，向东望去，高深湍急的江对面是一锥形青山，独山之名由此而来。独山背后是一座座大山，气势磅礴，南北拱卫。独山寨像块深藏不露的璞玉，夹峙在两山之间，蛰伏于独山之后，不知地理者，很难见其真容。

独山寨千百年来能独善其身，在于那独特的地理环境。乌溪江江宽水急岸高，无非常手段难以登岸；林后绝壁奇险，坚固异常，上有谯楼，如有人驻守，也只得望而莫及。

如此独特的地势，保存了独山寨千年硕果。北宋初年，有一叶姓人家迁居此地繁衍生息，至明嘉靖年间（1522—1566）成了人丁兴旺的繁华村落。该村有800户人家，是远近闻名的富裕大村。

独山村牌坊　（刘华先 摄）

独山村村口　（刘华先 摄）

明代一条街，串起两侧无数古迹。一眼眼古井，荡漾着涟漪古韵；一座座古屋，弥漫着悠悠古香。那个隆庆石牌坊，三门四柱五楼，浑身散发着骄傲。

街上最显眼的是那座叶氏宗祠，始建于元末明初。门前左右蹲立着一对石狮子，是别具风格的明代石雕，还有一对清光绪十六年（1890）的旗杆石墩。石库大门，砖筑门墙，歇山造顶，翼角起翘。大门两旁另有左右边门。抬梁穿斗混合结构，中有正方横切面大石柱8根。祠内上部雕刻颇具艺术性。

《独山叶氏宗谱》记载：明代的叶氏家族人才辈出，有功名者就有10余人。叶氏后裔叶以蕃，高中二甲第一十九名进士，乃遂昌古代科举最好成绩，官至工部员外郎，屡获皇帝恩宠，是一族乃至一县的荣光。故遂昌县令特立一碑，彰显古寨之耕读传家之风卓盛。

叶氏宗祠　（刘华先 摄）

名人叶澳，他“为人笃学好古，诸子百家无不通晓。其文辞之美，固已久脍人口矣。至其孝行，又有足风者”。叶澳与时任遂昌县令的汤显祖是莫逆之交。他们常常一起游览独山名胜，留下了一些脍炙人口的诗词。明万历二十三年（1595），叶澳主持重修叶氏宗谱，邀请汤显祖作序。汤显祖写道：“余尝于薄书之暇，冀得一二子如子游之于灭明者，则唯西乡独山得一善士曰澳，字淇筠者，与余有莫逆之称焉。”（据《叶氏重修宗谱序》）

叶澳与汤显祖还有一段共同除虎灭害的故事。

遂昌山高林密，虎害猖獗，猛虎不仅糟蹋庄稼，还咬死家禽家畜。有一天，九龙山上一只猛虎突然窜进独山村寨，还害了一条人命。

汤显祖得到消息后，亲自组织打虎队进村，与叶澳共商打虎大计。村寨的妇女儿童、老老少少该转移的转移，该躲避的躲避，年轻力壮的都加入了打虎行动。村寨周围挖了多道深沟，目的是让老虎自投罗网，一部分队员登上高楼，部署射箭关口，一部分队员埋伏在绝壁顶上的谯楼，时刻监视老虎的踪迹。

半个多月过去了，也不见虎影，队员们的情绪有所波动。正在商议是否要收兵之时，忽见一只母虎带着两只小虎出现在眼前，这一下打虎队员来劲了，待老虎靠近，万箭齐发，当场射死两只小虎。受伤的母虎吼出震彻山林的声音后落荒而逃。

结果，意想不到的事情发生了，那母虎的吼声引来了五六只猛虎，齐刷刷地扑向村寨。有的虎跌入深沟垂死挣扎，有的虎飞跃而过，仰望着高楼威风凛凛地高吼乱窜。不到一个时辰，那一只只猛虎，被守候在高处的勇士们，弓箭射死有之，砍刀杀死有之。

解决了虎患，村民们欢欣鼓舞，放起鞭炮打起鼓，披红戴彩抬着虎，沿街游行。四面八方的人群蜂拥前来观虎，独山寨热闹非凡。

叶澳摆席与汤显祖饮酒同乐，吟诗共庆。而后，汤显祖在县城建了灭虎祠，并写了《遂昌县灭虎祠记》，记载了他率领乡勇捕杀伤人猛虎的政绩。

1987年10月，遂昌县政府公布独山村为县级文化保护单位。时隔四年，1991年10月，浙江省人民政府公布独山村为省级文化保护区，属全省三个历史文化名村保护区之一。

独山村的明清典型建筑得到了较好的保护，整个村庄保持着古色古香的风貌。现今游客不断，人们对村中的古建筑和自然风光充满了兴趣和热爱。

独山村正在打造生态文化特色村，将继续加强对古建筑的修缮工作，并逐步完善相关的基础设施建设，使独山村这大山环抱中的“明星”有越来越多的人追捧。

龙排祭祀

人人都知道端午节迎龙舟，但你不一定知道端午节闹龙排。

九龙山下的九龙口村重现了龙排盛景，四面八方的游客纷至沓来，观赏当地独特的民俗活动。

“乌溪江哟，龙排摇哟，大吉大利好运来哟。九龙口哟，好场面哟，顺顺利利保平安哟……”听到排手们嘹亮的歌声，仿佛见到龙排正缓缓驶离九龙口。溪岸上，人头攒动，宾客如云；龙排上，或是戏舞，或是吹弹，或是歌唱。那一派热闹的场景，让人热血沸腾。

龙排长50余米，由9节小木排组成的大龙领头，之后紧跟8条小龙。大龙排上车龙舞动，龙嘴吐出紫烟，远远望去，犹如一条巨龙遨游在山河之间。

龙排与龙舟不一样，全部用木筏组成，筏上舞车龙，车龙的每一个关节都是可以转动的。在岸上，每个关节都可以卸下来当轮子做成推车。别看它灵活，单节就重达10千克，要在水上要舞非有技巧不可。龙排制作取“九”之数，寓意九龙口村风调雨顺，好日子过得长长久久。龙排驶离前要举行开排仪式，排手们个个供奉祭品，随着排老大指令，以米酒敬天地山水各路神灵，求得庇佑。

龙排源于九龙口村民谋生的木排，距今已有2000多年的历史。九龙口人祖祖辈辈“在山靠山”，天然的森林宝库取之不尽，用之不竭。古代由于交通不便，先民们便将树木连成排，将沉重的木材及山货等置于排上，顺流而下，运往钱塘江畔交易。端午时节，在当地就逐渐形成了

九龙大舞台 （刘华先 摄）

九龙口村练武场 （一 心 摄）

龙排祭祀的风俗。

九龙口的河道变幻莫测，长长的木排行驶其中，无法预料前路存在何种变数。一有疏忽，搭上的就不只是满载的木材山货，放排的汉子同样命悬一线。因此放排没有“小小竹排江中游”的轻松惬意，更多的是生死攸关的紧张与心悸，恐怖与刺激。

经济搭台，文化唱戏。九龙口村结合端午民俗，将龙排作为重头戏推出，不仅传承了古老而文明的传统文化，更重要的是弘扬了先辈们搏击风浪的创业精神。

九龙口村将原来的西坎口、西坎下、西坎上、泉苑等行政村下山转移合并为一个村，从而成为龙洋乡最大的行政村，从此彻底摆脱了交通不便、条件恶劣的生存环境。

而今，走进九龙口村，徽派建筑风格的白墙、灰瓦、马头墙，与周边秀美的景色相互映衬，融为一体，碧水进村，村区亮化，处处呈现出一派美丽的乡村风光。

秀丽的景色，催生了生态经济。九龙口村民依托九龙山丰富的生态、人文资源，将打造成集自然风光欣赏、民俗文化体验、消夏避暑览胜于一体的新农村建设样板村。

《九龙山之歌》唱起来了，随着这美丽动听的歌声，来自八方的游客齐聚九龙口，弘扬龙排精神，奔向那巍巍九龙山之巅……

陈荣高 文

浦 江

白云深处有古村

浦江县域有两条大江，一条浦阳江，一条壶源江，她们犹如同胞姐妹，有着诸多相同之处。她们均发源于花桥乡与杭坪镇交界的天灵岩，都是由西向东流，其干流长度相当，最后都汇入钱塘江。两条江汇聚了浦江的绿水青山，滋润着浦江的沃野田地，孕育了浦江的万年文化，是浦江的母亲河。在这两条江的流域有着诸多传统文化的印记和传奇故事，其中登高村就是属于浦阳江系的一块古老文化的绚丽瑰宝。

村名自有出处

坐落在浦江仙华山东麓山腰的登高村，藏于云雾缭绕之深处。我年轻时就知道山中有这个村，还听说村中有许多传说和故事，心驰神往，早想去村里走走看看了，可年至花甲也未成行。2018年重阳节后的第二天，正好有机会去登高村，我终于能一睹村庄的古朴风貌，领略其钟灵毓秀的风光，探觅布局巧妙的“甘泉工程”，考察大宋皇裔的传承村史，寻访“神笔马良”的发祥之地，品尝“一面三腐”的特色美食，了却了心愿。

云深古村落，自有登高处。登高村，顾名思义，是一个隐匿山中、身藏山坳，可以登高远眺的村子。这里风光无限，景色优美，让人流连忘返。

远上仙山古道峻，白云深处有古村。
山下未见登高见，晚秋柿红山花春。

从浦阳镇出发，有两种途径可至登高村，一是驾车盘山而上，一是步行攀爬登高古道。坐车省力省时，却少了窗外路边风光的欣赏，也没有游览登高村的前奏；而步行登高古道，不仅可以一路眼观美景、耳听鸟声，而且有一种踏着历史前行的感觉，能增添游览登高村的兴趣。

登高村坐北朝南，仙华山矗立西北，山台地斜下东南，村前视野开阔可远望浦阳镇，村后群峰环抱、仙山盘踞，晴天阳光普照村中各个角落，阴天云雾浸润，村周万物生长。明朝学者叶化醇有诗赞颂：“胜日登高爽色清，此山原为有仙名。菊逢令节开将遍，酒泛东篱醉自醒。扫石独吟三径回，凭虚一望九回轻。稽山庐岳风流远，自古词人共此情。”

据说登高村原先并非此名，以前叫什么无从考查，而登高村的叫法则与南宋思想家、理学家、文学家吕祖谦有关。吕祖谦是婺州人，常来浦江讲学，就像现在的许多教授、专家到各地开讲座一样。一日，讲学毕，吕祖谦携友一起登上仙华山顶，透过缥缈雾岚俯瞰山下全景，云雾飘荡间忽见山腰有一村庄，屋宇规整，炊烟袅袅，人影婆娑，鸡犬相奔。吕大师很觉惊奇，这样一个规模较大的古村落，为何在山下未曾见到，而在山顶忽然见到了呢？他把心中的想法用诗词表达了出来，写下“山下不曾见，登高才可见”的妙句。大家都觉得这诗句好，一传十，十传百，登高村的名字由此叫响，并传承至今未曾更改。

大宋皇裔

徜徉在登高村中卵石铺就的小巷和斑驳砖墙间的弄堂中，有一种踩在历史文化厚土上的感觉。登高村已有800多年历史，全村以赵姓为主，相传为大宋皇裔。

据传，赵匡胤黄袍加身，建立北宋王朝，延续167年为金所灭。赵氏王朝南渡在南京应天府（今河南商丘）再建宋朝（史称南宋），其中宋太宗赵光义后裔第八代的一支辗转来此定居下来，繁衍生息至今。既然是大宋皇裔，为何会来这么偏僻的山村？是什么原因让这赵氏后裔过起近乎与世无争的隐居生活？有人说，可能是看透了尔虞我诈、钩心斗角的朝廷内争，向往过平淡的百姓生活；也有人说，可能是厌倦了皇家宫廷生活，喜欢山川田野，于是就来到了风景优美、仙气缭绕的仙华山麓。究竟何因，有待查考。

不管出于何种原因来此，登高村村民为大宋皇裔应该是无疑的。村中古建筑颇有规模，呈现皇族后裔居住的规格风貌和显赫地位，其中最为考究精美的是赵氏古厅堂。这个厅堂依山而建，后高前低，坐北朝南，前后七进，建筑面积达数千平方米。全建筑多系砖木结构，设计科学，建设精工，错落有致，环环相扣，精致非凡。高大的马头墙（与徽派建筑的马头墙不同，其墙脊不是平直的，而是从头斜向中间，这是婺派建筑马头墙的风格），陈旧的老戏台，大有皇家气派。整幢建筑有前后三厅堂，前厅为“树滋堂”，中厅为“孝友堂”，后厅为“又新堂”，雕梁画栋，工艺精湛。厅堂里有多幅牌匾、数副对联。有一副对联，上联为“大宋皇裔村落”，下联为“宗臣嫡派门楣”，足可印证登高村的皇裔历史和传承。

皇族后裔的村子，自有其神秘之处。村南面田地里散落着刻有各种图腾符号的巨石。近年来，这些远古石刻图腾吸引了国内专家学者接二连三前来一探究竟。其中有一楔形巨石，村民们称之为“金牛石”，石上刻有状如太阳、月亮等的诸多符号，石尖直指仙华山主峰。据传，赵宋皇裔来此定居时，带来诸多皇室财宝，藏于山中或地下，后来老祖宗逝世后，谁也不知藏于何处，成了“皇家宝窟”之谜。不过老祖宗还是留下了藏宝图，就是刻在“金牛石”上的符号和所指的方向，谁能破解石上符图谁就能找到所藏财宝。这虽只是个传说，但慕名而来的游客，想破解图案的掘宝者络绎不绝，我想此谜团终有一天会被有心人破解的。

在欣赏又新堂古建筑时，陪同人员给我们讲了一则神秘的故事。从又新堂往后走，接着是个并不很大的天井，天井分三部分，中间部分高出两边与地一样平，从又新堂可直接跨过去；两边大小一样，呈方形，低于四周，从上往下看，好似两只方眼。住在又新堂右边的住户，为了扩大门前地面和行走方便，把右边的天井填成与中间一样齐平，结果时过半月，这户主人的右眼视力就无缘无故地下降，最后看不见东西了。由此，关于“天井就是天眼”，填了天井瞎了眼睛的神秘说法不胫而走。

甘泉工程

登高村有一项布局巧妙的古代“甘泉工程”，又称古自来水。在没有现代自来水的时候，这是全村村民吃、洗、用的唯一水源，整条水道至今保存完好，有专家考证后认为至少有两三百年的历史。

古自来水道位于村子的最东边，长1千米左右。为探究古自来水的源头，我们沿着古自来水道向上攀登，来到块石垒成的山泉出口。清澈甘甜的山泉，从八角尖山的山脚汩汩而出，经过一小段明渠，清泉分为两股：一股流入蓄水池，为现在自来水的水源；另一股流进古自来水道，沿山势傍房屋顺势而下。

左图：八角尖山脚的山泉出口处 （郑新浦 摄）
右图：甘泉工程渠道，山泉顺势而下流入蓄水池 （郑新浦 摄）

山泉久旱不竭，长年水流不断，但到夏秋季节晴多雨少时，水量明显小了，水道中的水流细如丝线，蹲下细看才能见到。我看到古自来水道的水量太小了，就在分水处把分水泥土往左移动了一些，使更多的水向右分流进入古自来水道。随着流量的加大，水道中的水势和流速顿时增大，盖过了原来细细的水流，形成了些许落差，产生了往下奔涌的态势，势如破竹，飞流直下。我们有些“老夫聊发少年狂”，兴奋得像小孩一样，奔跑着追逐着增大的水头，嘴里不停地喊着：“到这里了！”“到这里了！”直到水头没入水塘。

登高村的这一古代“甘泉工程”，包括1千米左右的石凿水道和3个相连的“葫芦”水塘，是一个系统工程，可谓设计巧妙、布局科学，工程浩大、砌工精细。整个水道由宽约25厘米、深约35厘米的青石连成，每块青石横截面呈“凹”字形，两块相接处无水泥之类的黏合剂，严丝合缝，没有间隙。水道经历了上百年的风雨侵蚀，现依然昼夜不停地流淌着甘甜的山泉，而渗水的地方竟然只有几处，其砌筑质量堪称上乘，想必那砌水道的泥瓦匠之技艺一定非常精湛。

登高村先人聪明睿智，利用地势落差，采用石渠引山泉到村里，然后在村口挖塘垒池将山泉蓄积起来，供全村住户使用。池塘分上、中、下三个，由小到大依次从高往低排列，从空中鸟瞰可看到似一个大葫芦按放在村口。第一个最小，塘沿由青石板砌成，呈八卦形，山泉直入此塘，为村民饮用水。第二个居中，呈长方形，水从第一池溢出流入此塘，供村民洗菜、淘米之用。第三个最大，用于洗衣服及农具、杂物等。三塘功能定位严格，几百年来村民自觉遵守规则，谁也不敢或不会拿东西去第一个塘洗刷。这一利用山势、石槽引水，专池分蓄、分级享用的古水利工程，不仅滋养了一代又一代登高人走出村庄、走向世界，而且留下了一份历史文化遗产和一道亮丽的风景线。

神笔马良

从前，有个叫马良的穷孩子，天生聪明，从小喜爱画画，可没钱买笔，只好砍柴时用树枝在山坡上画，割草时用草根蘸水在河边画，回家时用黑炭在墙壁上画。久而久之，他感动了白胡子神仙老人。在马良熟睡做梦的一个晚上，神仙送给马良一支金光灿灿的神笔。马良醒来发现手里真的有一支笔，随即画了鸟和鱼，鸟竟然展翅飞了起来，鱼活蹦乱跳游了起来，他高兴极了。从此，马良天天为村里穷苦善良的人家画画，谁家缺什么，就给他们画什么，但绝不给恶霸、财主画，还用智慧把皇帝引到海上，然后卷起狂风巨浪将其沉入海底。这是家喻户晓的童话故事《神笔马良》，上小学时就读到了。马良作为智慧、善良、勇敢、正义的化身，成为少年儿童心目中的美好崇高形象，教育、引导、影响着一代代少年儿童的健康成长。

《神笔马良》是中国儿童文学的瑰宝，在国内外屡获大奖，是享誉世界的经典文学名著，它由浦江人，全国著名儿童文学家、理论家洪汛涛于20世纪50年代创作。作品来源于生活，也必高于生活。我在想，洪老师当时创作的原始素材和最初灵感来源于哪里？许多人只知道神笔马良的美妙故事，却鲜有人知道它来源于登高村。

站在登高村的东边往西眺望，透过村中古建筑间的缝隙，你会看到仙华山的另一个仙山身影，不同于从西往东看仙华山似仙女飞升的景象，这是一座突兀而起、壁立千仞的巨大峰岩，数峰如笔立，弧形相连接，似神笔立竖，如笔架伏案，其间一侧峰有眼有鼻有长髯，酷似一老者，让人浮想联翩。

独特的景观，缥缈的云雾，让来到登高村的大小作家们有了原创的素材，产生了奇妙的想象，激发了创作的灵感，这就有了洪老师游憩登高村创作《神笔马良》的激情和成功。据洪老师生前自述："一日游乐登高村，伫立村口，临南眺望，见一巨大峰岩，侧峰之处有几指挺立的山峰，犹如数支神笔，村口对面起伏的山峦，酷似笔架，尚有弧形相连的几座山峰，有鼻子有眼睛有胡须，如一位老态龙钟的长者，就是馈赠神笔的神仙爷爷了。登高游乐，顿有感悟，遂作《神笔马良》。"

毫无疑问，登高村是中国儿童文学名著《神笔马良》的发祥地，洪汛涛老师是《神笔马良》之父。

一面三腐

登高村之所以能吸引四方游客前来观光旅游，不仅因其有800年的皇裔村史、马良童话的创作故事、皇家宝藏的神秘传说、生态环境的清新优美，还有舌尖上的特色风味美食，其中"一面三腐"独具特色。

"一面"即米粉面（浦江人叫素粉面）。天晴时走进登高村，你可看到一张张圆形的晒在太阳下白白的米粉面饼，可闻到空气中弥漫的米粉诱人香味。做米粉面，要选用粳米而不用糯米，需经过浸泡、细磨、水蒸、晒干、切条等多个环节，米粉面才算加工完成。

我们来到一农家，摆在桌上的正是刚刚蒸出来的热气腾腾的米粉面饼，主人很热情地邀请我们品尝。她在米粉面饼上放些雪菜、豆腐、肉丝等馅，然后将面饼卷成一条长筒，再切成五六厘米长的小段，分给每人品尝，米香加菜香，热乎可口。我似乎回到了孩提时代，感受到了久

刚蒸出来的米粉面饼　（郑新浦 摄）

违的儿时记忆，连吃两段，齿间生香，回味无穷。

“三腐”即木莲豆腐、观音豆腐和柴籽豆腐，都是夏天清凉解暑的绝佳美食。

木莲豆腐，其实既与木莲无关，也非什么豆腐，而是用一种别名叫“木莲”的薜荔子制作而成。制作时把薜荔子包在纱布包里，然后放入盛满凉水的桶或盆里，用手反复挤压纱布包，包里会有黏稠的汁液被不断挤出并融入水中，重复无数次的挤压直到不再有汁液挤出，然后加入适量凝合剂，放置一会儿，桶里或盆里的水凝合成果冻状即可食用。食用时浇上少许红糖水，那甘甜凉爽的味道，吃过就不会忘。小时候的那种甜美感觉，一直烙在我的记忆里未曾忘却。

观音豆腐，是一种叫观音柴的叶子做成的。青绿的观音柴叶，小时候都是大人或我们兄弟姐妹自己上山采摘，然后让老妈做给我们吃，盛夏酷暑时特清凉解渴。现在我才知道这种观音柴叫腐婢，是一味清热解毒的中药。以前只有野生的，现在已有人工栽种。观音豆腐制作不是很复杂，把采来的腐婢叶子清洗后，反复揉搓使之流出汁液，点上草木灰水（犹如做豆腐点石膏或盐卤一样），就凝成了青绿色的观音豆腐。观音豆腐不仅清凉解暑，而且富有营养，粗蛋白、叶绿素、氨基酸等含量十分丰富，是不可多得的天然保健食品。

柴籽豆腐，又称橡子（柞树）豆腐，是用柴籽（柞子）提取淀粉后制成的。从柴籽到豆腐，需经过三个环节。一是采摘柴籽，一到中晚秋，满山遍布的橡子结下了沉甸甸的果实，人们背着布袋三三两两上山采之，一天下来可采三四十千克。小时候我也常上山采摘，整天在山上边采边玩，快乐无比。二是提取淀粉，把采来的柴籽先晒干，再去壳水磨，沉淀后取出晒干，柴籽淀粉就加工成了。三是制作豆腐，先把柴籽淀粉加水搅成糊状，倒入锅里小火煮，边煮边搅，直到煮熟，然后盛到盆里或钵中，自然凉后成形，即做成了柴籽豆腐。柴籽豆腐富有多种维生素和铁、镁、钾等元素，是国际上公认的绿色生态食品，有利于提高人的免疫能力，增进人的身体健康。

登高村的这些特色美食，你得去尝一尝。

登高古道

去登高村观光游览美景，享受特色风味美食，最好循着登高古道步行而至，既可沿途欣赏美丽景色，聆听山溪潺潺流水之声，又能领略古道历史文化的积淀，体会古道的古朴韵味，是一项赏景悦心、学史增知的良好活动。

古道作为古时人员往来、商贸交易、行军打仗的重要运输通道，在交通不发达的古代，发挥着至关重要的作用，如秦岭古道、茶马古道、徽杭古道等。有些古道中的关口，十分险要，处于战略要冲，可谓一夫当关，万夫莫开。古道在几百年甚至千年的延续发展中，演绎了许多美好的传奇故事，积淀了丰富的历史文化。在这样的古道上行走，你一定会有一种在历史文化厚毯上履步的感觉。

登高古道在浦江县域内是一条较著名的古道。始于登高口，迄于登高村，全长约3千米，形成于南宋绍兴年间（1131—1162）。这条古道之名与登高村同名，“登高”谁先叫，我想并不重要，“道”与“村”相连相依，古道为古村添彩，古村为古道增辉，两者相得益彰，交相辉映。

一条古道有一条古道的悦目景致，一条古道有一条古道的文化积淀。登高古道，尽管没有马致远所描写的“枯藤老树昏鸦，小桥流水人家，古道西风瘦马”的完全景色，却也有杜甫写的“田舍清江曲，柴门古道旁”的自然和人文景观。登高古道，虽没有怪石嶙峋、雄关巍峨的奇险，却有千折百回、峰回路转的奇妙；虽没有城市公园里花团簇拥、姹紫嫣红的百花争艳，却有溪涧谷地上葳蕤花丛、竞相绽放的山花烂漫；虽没有原始森林中的参天大树，却有古道两边的茂林修竹；虽没有江河大海的怒吼涛声，却有山溪水流的叮当乐音。当你从登高口迈步进入古道时，一定会惊讶于沿途的绝美景色。

古道并不很宽，路面也不统一，有的路段是泥土的，有的是卵石的，也有的是石块的；有的是原始古旧的，有的是近年新修砌成的。在树林中左转右旋、时进时出、时急时缓，迤逦而上直至登高村。傍着古道的山涧小溪，不离不弃，如影随形，与古道并辔前行，溪中清澈透凉的山泉滋润着古道旁的草木花卉。古道旁有条新开的沿山公路，蜿蜒曲折，逶迤盘旋，与古道不时交错，也把古道裁成三段，古道与公路相互缠绵，旧路与新路相互映衬，尤其是登高村柿子红的季节，站在高处俯瞰山谷，迂回曲折的两条路犹如给游客们织出了艳丽的丝绸锦缎，红的、黄的、绿的、青的、紫的……仿佛上帝打翻了调色盘，五彩斑斓，游客欣赏之余，无不感叹大自然的神奇。

登高古道沿途景致美不胜收，历史文化积淀也十分丰厚，每一路段都充满着传说故事，留存着诸多人文印记。例如陈老相公“仙人担”的传说：一日，陈老相公仙游到此，看中这山谷欲结庐定居，就挑来一担巨石，后发现观音菩萨已在此，遂驾鹤离去，却留下了那担巨石。再往前，道路旁有一巨石，称为金牛鼓。传说某年大旱，一头金牛从登高村下一石中蹦出，啃吃田中青稻，村民见而追之，金牛逃入此巨石中，村民愤而用石块击打，未见金牛再现身，却闻山谷传来击鼓声，故称之为金牛鼓。继续前行，将军庙（驿站）就在面前，传说这是为听闻主子有难下山保驾未成而自刎的将军而建的，以纪念将军的忠烈。将近古道的终点，呈现在面前的就是那刻下图腾符号的巨石群，其间隐藏着皇家宝藏的线索，这是登高村的一大秘密。登高古道传说故事挺多，静待你的到来。

古道是历史文化的一种载体，是青山绿水的一道风景线，只有亲身走过，才会深刻领略。古道依旧，山河日新。蜿蜒崎岖的古道依然在向前延伸，正如中华民族传统文化永恒的延续和发展。

郑新浦　文

武　义

熟溪流域　文化璀璨

钱塘江有条不算大的支流，可名气不小，武义人称之为母亲河，她叫熟溪，很温柔的名字。

熟溪发源于武义县西南部的大岗山东北坡，由西南流向东北，流经肥沃的武川大地，最后汇入武义江。熟溪支流众多，流域面积广袤，达到武义县面积的近四分之一，覆盖桃溪、白姆、王宅、俞源、大田、熟溪、壶山、白洋八个乡镇和街道。正是千百年流淌不涸的熟溪，哺育了一代又一代的武川人民，而熟溪人世代借其之利，筚路蓝缕，艰苦创业，奋发图强，在熟溪流域演绎了许多美妙的传奇故事，创造了许多灿烂的文化遗产，其中镶嵌在流域大地上的那些古村古镇，犹如天上星辰璀璨夺目。

八百村历史烽烟

从武义县城出发，到达王宅镇后，沿熟溪中游（麻阳港）北侧的桃白线向西南，大约行驶8千米就到了源口水库。

源口水库是武义县内最大的水库，1968年开工建设，1979年竣工，2005年进行了规模较大的除险加固工程，现库区风景秀丽，水质优良，是武义县最重要的饮用水源。转过水库大坝，顺水库东边山路前行，过八百隧道不远，就可看到八百村的禹王庙。

已有300余年历史的禹王庙，始建于清乾隆年间（1736—1795），同治二年（1863）曾进行过整修，1948年将朝南改建为朝东南，后因故被拆，于1985年重建，1995年扩建。禹王庙的不同之处在于庙内供奉的神像有十五尊之多，禹王自不待说，还有土地神、财神、五谷神、七五神、文曲星、武曲星，山村之民最实在，他们大约希望家里各方面都得到保佑，过上安详幸福的美好生活。

八百村古称八百畈，有上四百下四百之称，目前上四百已造了房屋，下四百依然是田地，有4斗左右（斗为当地的土地面积单位，一担田就是四亩地，一担等于十斗，一斗就是四分）。史载，明末清初福建先祖途经八百畈，见此处地势开阔，平畴沃野，溪流潺潺，景色宜人，遂购置山田，开耕种植，建屋造房，沿溪边定居下来，并以祖地“八百”之名建村立世。

八百村地处武义县西南山区，四周群山连绵，数峰簇拥环绕，村北边的东西两大山脉逶迤起伏，状如九条苍龙在八百村的山间盆地腾云驾雾，山川秀丽，风光旖旎。洞溪穿村而过，清澈透明，房树映底，卵石澄明，翔鱼毕现，溪水悠悠转转，最终流入源口水库。大自然造就了八百村的优美景色，诸如清凉甘甜的龙潭水，壁立涧深的双岩瀑，明媚秀丽的水口湾，虬枝峥嵘的古松树，朱漆亭阁的禹王庙，让人流连忘返。

源口水库风光 （刘华先 摄）

八百村的民房 （刘华先 摄）

洞溪桥，洞溪穿八百村而过 （刘华先 摄）

其实，八百村不仅自然风光美，更是红色革命根据地，有着悠久的历史烽烟。早在1929年11月，八百村就秘密建立了农民协会。1930年5月，建立了宣平北营红军，队伍迅速扩大，因驻地营房拥挤，就在八百村大水上和吴宅野山建立两个分营，不久野山分营也合并到大水上分营。大水上分营直属宣平北营指挥，经常下山活动，发动农民群众，组织农民协会，发展红军队伍，直接动摇了国民党在这一地区的统治。八百村被国民党称为“红军的老窝”，于是调动大批省防军、保安团和宪兵数次前来围剿。红军为保存实力，数次转移营地，寻机歼灭来敌，曾在双源口击败进攻的保卫团。省防军和保卫团曾二进八百村烧杀抢掠，枪杀红军战士和村民。在敌强我弱、国民党又到处搜捕残杀地下党和红军战士的形势下，1930年农历九月初七的晚上，北营党代表召集红军骨干在八百村祠堂召开秘密会议，决定第二天集中红军到江西井冈山会师，后因叛徒告密而被保卫团包围杀害，前往井冈山会师的计划胎死腹中，不然八百村的村史就将改写了。

俞源村之谜

俞源太极星象村坐落在武义县西南部，村中东西两溪属熟溪水系。这里群山连绵呈包围之势，双溪穿街绕村，宛如桃源胜境。民国《宣平县志》记载俞源村拔贡俞宗焕在《广惠观重修记》中写道：“宣邑山水惟俞源为最。自九龙发脉，如屏、如障、如堂、如防，六峰耸其南，双涧绕其北，回环秀丽，如绘也。”

俞源的自然风光虽美，但在这个中国历史文化名村、国家级文物保护单位中，更吸引人的是那神奇巧妙的全村建筑布局、木雕鲤鱼的颜色变化、洞主庙祭祀必下雨等神秘之谜。

据传，俞源村是按照明朝开国名臣、谋士刘伯温的设计而建造的，达到了人与自然和谐相处、天人合一的理想境界。俞源第五代先祖俞涞，是刘伯温年轻时的好友，两人交往甚密。俞源处在杭州、婺州与处州往来的交通要道上，刘伯温回处州老家，必路过俞源并常在此歇脚会友。

据说当时俞源村旱涝不断，常有火灾，时发瘟疫，民不聊生。俞涞知道刘伯温上知天文下知地理，懂得周易八卦太极阴阳，能掐会算，就请刘伯温看看俞源村的风水，帮助改造村容村貌，以消除频发的灾害，造福于村民。刘伯温没有推辞，运用他所掌握的堪舆之术对村的建筑布局、山川地理做了一番详察，发现村周围有十一道山岗，呈瑞气萦绕之势，遗憾的是出村的溪太直太硬，把瑞气全冲走了。于是刘伯温按照天

俞源村村民劳作后归家 （韩剑锋 摄）

体星象黄道十二宫二十八星宿排列进行设计布局，并要求严格按此建造。

刘伯温的设计建造方案中，一是把出口的东溪由直流改为曲流，将由东南直向西北出的东溪，改为东西向穿村而过，至村西山脚再向北至村口，呈S形流向村外田野；二是将S形的溪道作为太极阴阳鱼界线，以溪两边的田野和环山为太极两仪，在村北口设置了一个巨大的太极图，形成一道“气坝”，既挡住北方寒冷空气的侵入，又拦住村内祥瑞之气的外泄，同时太极图与村周十一道山岗组成黄道十二宫；三是按星象排列设计布局房屋建筑，现存28幢古建筑，遵从东方苍龙七宿、南方朱雀七宿、西方白虎七宿、北方玄武七宿排列，对应天上二十八星宿；四是按照北斗七星形态，在村里布局挖掘“七星塘”“七星井”，组成天罡引二十八宿的布局，用以抗旱防涝救灾。

说来也奇怪，俞源村经过刘伯温设计改造后，不仅670多年没有发生旱涝灾害，而且村安民富，人才辈出，自明朝以来，出了进士、举人、贡生、秀才等290多人，书画家、文学家、诗人、医学家等不计其数，成为人杰地灵、物华天宝的风水宝地。

传说归传说，刘伯温是否真到过俞源村，村的布局是否真出自其手，对此坊间和学界也有些争论。从俞源村的建设和现存古建筑分析，还是可以看出一些端倪的。村里现存古建筑以东西向穿村而过的东溪为主轴，可分为南北两片。北片又分为两块：一是上宅区块，位于东溪北岸的东南部；二是下宅区块，位于东溪北岸的西北部，与上宅东邻。南片为前宅区块，位于东溪南岸偏西，与下宅隔溪相望。三个区块里，前宅是俞氏初来时最早的居住地，稍晚迁入的李姓、董姓也在此住，成为三姓杂居之地；上宅和下宅均为俞姓人居住，上宅为明末发展起来，清初顺治年间（1644—1661）曾两次遭兵灾几乎毁尽，乾隆以后大规模重建上宅并新建下宅。

实际上，从时间上来看，俞源村的大规模建设，距刘伯温生活的年代已有300多年，即使刘伯温真为俞源村的建设做过设计，但俞氏后裔是否严格按此建造，谁也说不清。俞源村的布局设计，可能有刘伯温的设计，也可能有后人包括历代俞氏后裔和外来智者的实践总结，还有可能是诸多建造者的集体智慧结晶。我觉得现在没有必要非要弄清楚谁是真正的设计者，认真思考和详细探究其建筑布局的神奇和诸多神秘的地方就可以了。

比如，俞源村四面环山，只有村北的一个出口，地形形似肚大口小的瓶子，东西溪的水从瓶颈处直流出去，天晴无雨时溪水不大没有问题，可到了雨季或大雨时， 四周山水猛然涌入小溪，溪中水量陡然增大，而溪口狭小，溪道直流，溪水下泄极快，瓶颈处无法及时排出，致使大量溪水滞留积压，水位抬高向上回流溢出两岸，造成洪涝灾害。而设置S形溪道，把“直流”改“曲流”，就能加长溪道，增加溪道容积，减缓溪水下泄速度，减少瓶颈处的水量积压，使溪水缓缓流出村庄，不至于发生或少发生水灾。这实际上是一个科学的水利系统改造工程，真可谓泽被后世。

俞源村还有不少未解之谜：俞氏宗祠恰好在北斗七星的“斗”内，建筑气势不凡，号称“处州第一祠”（俞源村原属处州府所辖），祠内终年蜘蛛不结网，鸟雀不过夜；声远堂三根桁条上雕刻着飞禽、走兽、游鱼，其中百鱼梁上雕的九条鲤鱼会随着天气变化而改变颜色，晴天呈绯红色，阴天为土黄色，雨天变成深褐色；裕后堂有“五无”现象，即堂内梁上无灰尘，无蜘蛛结网，无苍蝇蚊子，无鸟雀过夜，阴凉无夏天

俞源村古装婚礼
（韩剑锋 摄）

戏剧爱好者在俞源村活动 （韩剑锋 摄）

俞源村老建筑 （韩剑锋 摄）

之感；“商坐楼”边上的七星井能预报天气，天晴时井水清澈见底，若井水变浑浊，那必定会下雨；状如七星排列的七星塘，绝不能填埋，否则就会发生灾害；洞主庙祭祀洞主李冰的那天（农历六月廿六日），必定会下雨。这些神秘之谜，让人百思不得其解，期待有兴趣的人前去破解。

马府下能臣名相

武义中部有个叫马府下的村，是个历史文化十分厚重的古村，尤其在南宋后期，因出了一位能臣名相，而名闻四乡百里。这位能臣名相就是马光祖。

马光祖（约1201—1273），字华父，1226年中进士，历任沿江制置使、江东转运使、知临安府、知建康府、户部尚书、大学士，咸淳三年（1267）拜参知政事，两年后授为知枢密院事，以金紫光禄大夫致仕，其家乡村庄取名马府下，应该与他有着密切关系。

马光祖出生在南宋中期，1226年中进士步入仕途，可此时南宋已到后期，朝廷内忧外患，外有蒙古强敌压境，内有贾似道等权臣横行霸道，政权处在风雨飘摇之际。马光祖为官清廉，体恤百姓，外抗强敌，内斗权贵。他3次任建康知府，累计12年，威惠并行，勤政爱民，广施仁政，捐钱赈济，减免税收，兴办学校，奖掖人才，整饬武备，加强国防，百废修举，深得百姓爱戴，建康百姓为其建生祠6所。《宋史》评价道：“马光祖治建康，逮今遗爱犹在民心，可谓能臣已。”马光祖从政为官一生，富有传奇色彩，留下了许多脍炙人口的动人故事。

马光祖为官不畏权贵，刚正不阿，为民请命。在户部尚书兼临安知府、浙西安抚使任上，当时因江南粮食从海上运往北方十分严重，他冒着生命危险入朝觐见理宗皇帝，历陈京师艰食、和籴增价、海道致寇三大害，请求下达海米禁令。景定三年（1262），京城临安发生饥荒，朝廷下诏赈恤贫民，可集市买不到粮食。作为提领户部财用兼临安知府、浙西安抚使的马光祖心里十分着急，当他调查后得知理宗皇帝之弟荣王府“积粟不发廪”时，三次前往荣王府募捐，但荣王前两次推脱有事不见。马光祖第三次再去，在荣王府的客房里摆出不见就不走的姿态，“王不得已见焉”。马光祖厉声对荣王说：“天下孰不知大王子为储君，大王不于此时收人心乎？”荣王以没有粮食为由推脱。马光祖马上从怀里拿出调查记录，对荣王说，某仓有多少粮食，某地某仓又有粮食若干。荣王在实际数据面前没法推辞，只好当场答应拿出30万斤粮食分发给饥民，“得粟活民甚多”。

马光祖文学修养颇深，文字功底深厚，身后留下了许多诗词文章，特别是其审案中的判词，可谓精致巧妙，无与伦比。《西湖游览志》里记载，荣王晋升福王后，多出了不少旧的空余房子，他就租给市民居住，收些租金。这本来是好事，可荣王只收租金，不修破损房，时间一长，这些房子四处漏风，晴天时太阳从房顶破损处直射家中地面，形成大大小小的圆形光圈；雨天时到处漏水，只能用盆、钵等器物接水，雨滴敲盆钵之声在各个角落响起，一些胆大的居民就因此拒付租钱。福王便派人至临安府诉讼这些居民。马光祖受理后进行了深入调查，认为事情十分清楚，拒付房租费因福王不维修房子而引起，主要责任在福王，于是马光祖判道：“晴则鸡卵鸭卵（阳光照射房中而留下的光圈），雨则钵满盆满。福王若要屋钱，直待光祖任满。”气得福王几天不吃饭。

还有更绝妙的，元吴莱在《三朝野史》中记载了马光祖的一则判案故事。王姓书生家境贫寒，到了结婚年龄也未娶上妻子。他十分喜欢邻居女孩，暗恋日久，情爱愈增。一日压抑不住炽热的爱情火焰，翻墙来到姑娘闺房，一睹芳容，一倾情愫，结果被姑娘父亲发现，将其扭送至官府，状告书生偷窃自己女儿。马光祖传王姓书生到案，亲自询问为何不守礼义，竟敢越墙偷窃邻居女儿。王姓书生对此供认不讳，回答道之所以翻墙去姑娘房间，不是不守礼义，而是出于对姑娘的好感和喜欢。马光祖见书生文质彬彬，也不说谎，遂出题《逾墙搂处子诗》测试书生。书生秉笔疾书，一气呵成，感情真挚，爱意绵绵："花抑平生债，风流一段愁。逾墙乘兴下，处子有心搂。谢砌应潜越，韩香许暗偷。有情还爱欲，无语强娇羞。不负秦楼约，安知漳狱囚。玉颜丽如此，何用读书求。"

马光祖一见，大为赞赏，对书生的非礼之举不但不予责罚，反而心生成全美事之意，遂填《减字木兰花》词一首，竟然当起了红娘："多情多爱，还了平生花柳债。好个檀郎，室女为妻也合当。雄才高作，聊赠青蚨三百索。烛影摇红，记得冰人是马公。"

马光祖不仅用判词做媒，要女方将女儿嫁给书生为妻，还厚赠婚资（青蚨三百索大约为300两银子），还说洞房花烛夜不要忘了他这个大媒人。此事被市民一时传为京城佳话。马光祖的此判词被收录《全宋词》，故事也被收录《情史》中，名叫《词判风流案，成就美姻缘》；到了元代又把此故事编成了元杂剧，曲目为《马光祖勘风尘》，杂剧一演，家喻户晓。

马光祖判案善于调查，重视研究分析，注重事实依据，讲究事情因果，秉公执法办案，有"南包公"之誉，其留传的判案故事多而精彩，这里就不一一赘述了。

登高远眺，山里村风光一览无遗（**韩剑锋 摄**）

王宅村丹霞奇景

王宅村坐落于武义中部，麻阳港和俞溪在这里汇合后称为熟溪。这里地势平坦广阔，土地肥沃，雨水充沛，是武义县中部地区的经济、文化、交通中心，也是个历史悠久的古村落。1953年曾出土南朝宋元嘉年间（424—453）文物数件，其中青瓷双龙盘口壶被定为国家一级文物。

王宅村是王宅镇政府所在地，村内现有诸多文化遗存，有建于清朝的大井头井、王船头驿馆、本保石庙、凤池路8号民居、新塘巷5号民居、下杨区公所旧址、上下仓屋等古建筑，也有建于民国的顾氏宗祠、王家堂楼、狮子巷12号民居、夏仁德堂药店等近代建筑。

王宅还有一座七孔古桥，叫万名桥，因建桥时有上万人捐款而得名。在陆路交通不发达的年代，这里的水路比较繁忙，麻阳港两岸村民在发大水后借机运送木材、毛竹和山货，经熟溪、武义江运往金华或更远的地方，因而王宅在古时是水上交通重镇。万名桥原名鹿和桥，清道光年间开始募捐造石桥，“合邑士庶以及邻邑殷厚之家，自无不乐为是焉”，百姓纷纷捐款，至光绪元年（1875）竣工，改称为万名桥。自此人们往来交通便利，成为武义通往宣平、松阳的必经之路。1978年进行加宽改造，现看到的就是改造后的万名桥，一半是老桥，一半是新桥。

王宅留存的文化遗存，正向人们叙述着它过去的岁月春秋，期待着新时代的传承弘扬。十多年前，我第一次到王宅，是由一位正当芳华的王宅姑娘陪同，可惜没花时间去看遗存的文化瑰宝，甚觉遗憾，而是把大部分时间用在爬大红岩景区，领略大红岩的丹霞奇景。那天，我们循着环绕大红岩的封闭线路，欣赏着“十里丹霞，十里画廊”的景观，雄峰苍岫连绵，伟岩瘦石罗列，奇洞怪穴密布，望夫岩、盘龙岩、拇指

村民走在王宅老街上 （韩剑锋 摄）

武义大红岩
（韩剑锋　摄）

岩、天堂岭、秋风洞、通天峡、留仙湖等景点都是丹霞地貌中的奇品，那块高300余米、宽650米的赤壁丹霞大红岩，耸立在留仙湖畔，巍峨壮观，仰望之，犹如挂在前川的一张褚红色的巨幅山水古画；远望之，仿佛插在山头的一面迎风招展的鲜红巨大旗子；俯视映在湖中的大红岩，又恰似一艘劈波斩浪航行在湖上的红色大船。我们一路欣赏丹霞景点，一路相谈甚欢，不知不觉花了大半天时间，还觉得不够过瘾。

大红岩景区是国家级风景名胜区，坐落在王宅镇、白姆乡和俞源乡的交界处，不能完全算王宅（村）镇的，只能说沾点边，属王宅村（镇）的丹霞地貌景观集中在森草乌坑村一带。森草乌坑村的南、西、北三面各有一座丹霞山，南面铜鼓山最高，西面马鞍岗次之，北面杨梅岗最低，这三座山峰形态各异，有的成锯齿状，有的成圆锥状，典型的丹霞地貌。这块丹霞区基本上保持原生态面貌，区内岩洞星罗棋布，以额状洞为主，较为大型的牛洞、农洞，是战乱时期村人的避难处。在牛洞、农洞周围，布满了丹霞洞群，大小不一，深浅不同，姿态万千，有上百个之多，堪称丹霞洞穴博物馆，若你有兴致前往，定可一饱洞穴奇观。

郑新浦　文

绍　兴

若耶若耶　大出东方

溪名“若耶”，雅得仿佛绍兴文人，又像是少数民族语言音译过来的，带着野性和感叹。据专家考证，这条越地人民的母亲河之名，源自古越语，沿用至今，也是不俗。

若耶溪的另一个名称平水江，则普通得紧，就像谁家小孩的小名狗蛋那样亲切可爱。至于五云溪之名，则可能与王羲之、王献之父子有关。

平水江水库

如果钱塘江没有在杭州城里拐弯走了太长时间，而是直奔入海，那若耶溪可能就赶不上趟，直接单独入海了。有时候路上多待些时间，会有另外的收获，就像钱塘江，终在入海前将若耶溪纳入了自己的流域。

虽然若耶溪会山会平原南部三十六源之水，但其实，这条溪极短，如果把有关它的诗文一路读下去，可能诗未读完，溪已入江。

平水江水库　（刘华先 摄）

年轻的云门古刹寺僧拿出一本《历代诗人咏龙门》，足有356页之巨。作为浙东唐诗之路的重要节点，到过若耶溪的唐代诗人有400多人。李白有诗《采莲曲》：

若耶溪傍采莲女，笑隔荷花共人语。
日照新妆水底明，风飘香袂空中举。
岸上谁家游冶郎，三三五五映垂杨。
紫骝嘶入落花去，见此踟蹰空断肠。

又著有《越女词》五首：

其一
长干吴儿女，眉目艳新月。
屐上足如霜，不著鸦头袜。
其二
吴儿多白皙，好为荡舟剧。
卖眼掷春心，折花调行客。
其三
耶溪采莲女，见客棹歌回。
笑入荷花去，佯羞不出来。
其四
东阳素足女，会稽素舸郎。
相看月未堕，白地断肝肠。
其五
镜湖水如月，耶溪女如雪。

新妆荡新波，光景两奇绝。

李白自北方来，一路见识吴越风景，见越女如雪般白皙，应是被吓到了，否则也不会每首不是“白”就是“雪”“霜”，且一首不过瘾，连写五首。

走过若耶溪，简直让人大开眼界。与其他一般位处深山的发源地不同，若耶的源头乃是可以仰望“秦望山”的地方，而脚下所立的云门古刹，对联也是有趣得紧：

白云影里传心处，
流水声中选佛场。

虽然是佛家道场，但是有了文人的意境在，而不是纯讲佛性佛理。

到了另一处，则是道观龙瑞宫，主事者与武当山有师承关系，却又是孔门后人。

再到另一处，又是王阳明讲心性之学的处所“阳明洞天”。

正如入海处的钱塘江，容纳了自上游以来的元素种种，变得极为多元丰富，若耶溪边，同是一片繁花似锦，令人目不暇接。

望秦望秦

秦望山不高，并不需仰脖即可一眼到顶。

正如中国历史，记载清晰，王朝过往，历历在目。2000多年后，在祖国的东海边秦望山望秦，仍然字字清晰。风声传来，似是李斯那谄媚的音调，发出颂声。

秦望山即刻石山，是若耶溪的发源地，是诸暨市枫桥镇乐山村与柯桥区平水镇平江村的界山。自古以来，因秦始皇东巡刻石的传说，为会稽山脉的名山。

万历《绍兴府志》载："刻石山在府城西南五十里，一名鹅鼻，自诸暨入会稽，此山为最高，以秦始皇刻石其上得名。"该山峰与龙头岗、鹅鼻山（也叫峨眉山或娥避山）、石屋山相连，传说秦始皇会稽刻石，便在这一带。始皇三十七年（前210）十一月，秦始皇上会稽，祭大禹，登秦望山，命李斯在山巅留下289字的小篆《秦会稽山刻石铭》（俗称《李斯碑》）。

陆海相接处，便为天尽头。大禹和秦始皇均到会稽，绝非偶然，而是地理形势使然。秦始皇东巡的泰山和会稽山，从海拔来讲，不过尔尔。但无论是治水还是占领天下，均自西北而来，地倾东南，顺流而下，蓦见会稽之高，却不知脚下土地之厚，便有刻石记功的冲动。

除却海拔，会稽当然也属名山。仅从视觉角度，但见拔地而起，动人心魄。会当惊心，便要题词以便证明"到此一游"。最早喜欢"勒石以记"的，秦始皇不为第一，恐怕无人敢称第二。

历史风云际会，绝不会只有一回。因为秦望山，江南终于可以在秦汉历史上与中原王朝联为一体，说是北泰山、南秦望，也不过分。当然，更早的时候，大禹治水也到过此处，但那实在是渺不可考的传说。

宋代状元王十朋考察会稽后，作《会稽风俗赋》《蓬莱阁赋》《民俗堂赋》等《会稽三赋》，另有《秦望》诗一首：

瞻彼秦望，崇于会稽。

曷云其崇，登焉而紫。

孰登是山，西方之人兮。
瞻彼秦望，轻于会稽。
曷崇而轻，名之以嬴。
孰名是山，东方之人兮。
我登稽山，思禹之绩。
吾侪不鱼，繄帝之力。
我瞻秦望，哀秦之过。
虐彼黔首，其谁之祸。
禹驾而游，夏民以休。
有翼其行，稷卨是谋。
政辙而狩，嬴随以仆。
孰稔其恶，斯高左右。
孤竹兄弟，殍于首阳。
山与其人，嘉名孔章。
奚辱以愚，泉污以盗。
物之不幸，名恶而暴。
浙涛如银，鉴流如绅。
濯彼崔嵬，勿污以秦。

秦望山及山脚下的云门寺，位于平水江水库北沿。寺里有一青年雅僧，看来喜极了文墨，墙上贴满了各类书法作品，有些可能是访客留下的，有些则是他自己的涂抹，但显然还欠着些力道。

但在历史上，云门寺委实不一般，素为古代帝王所重，如晋安帝、梁武帝、唐太宗、吴越王、宋太祖、宋太宗、宋高宗和清顺治、康熙、乾隆等皇帝或赐名题额，或树碑建塔，或给予赏赐。由于书法大家二王的缘故，此地也早早成为文人墨客必到之地，王献之、陆游年少时都曾在这里读过书。孟浩然、白居易、元稹、杜牧、范仲淹、陆游、刘基、徐渭、刘宗周等留下了不少云门诗文；陆游读书之处史称“云门草堂”，陆游曾写过20多首诗词来歌颂云门寺，直到他64岁再游云门寺时还在寺边的云门桥写下“兴阑未忍登寺去，更倚溪桥立夕阳”之句。

寺是名寺，现今却极寒酸，连乡下经济条件稍好的人家的院落都不如，被挤在几户农户中间，完全不成样子。

走进寺院，说某处是王献之的洗砚池，但见浊水一潭。又闻门外有五云桥，却也遗迹不存，只能指出个大概所在。小桥下有小溪，倒也清

云门古刹剩半边　（刘华先 摄）

澈，只是杂草丛生，不万分注意，可能会完全忽略这就是书上有名的五云桥。

据传东晋义熙三年（407）某夜，王献之在云门山麓旧宅屋顶忽见五彩祥云，家人将此事奏报朝廷，晋安帝接报后下赐号“云门寺”。寺后山名“五云山”，寺前桥名“五云桥”，桥下溪名“五云溪”。

依常理推测，这个说法有些荒谬，一个皇帝，不会管到这么具体而微的小溪小桥，且王献之报上祥瑞这种事情，也未必就有人真信。更重要的是，这本来是王氏旧宅，仅因有五彩祥云，皇帝便要将人家旧宅改作“云门寺”，这也太有违常理了。

这个故事虽然漏洞百出，也说不定是后人穿凿附会，但据《琅琊王氏宗谱》记载，王献之的确曾在会稽居住，“守云门而望萧山者献之之后也”，且在此娶了山东名门望族的郗道茂为妻。可惜的是，后来皇室新安公主看上了王献之，迫献之休了郗道茂而娶公主。

过洗砚池，有“陆游草堂”指路小牌匾，应该就是指陆游当年读书时的“云门草堂”。一干众人赶紧过去，却是一片菜地，瓦砾堆积，一株小杏树孤零零守在角落里。

现代人有名句“铁马秋风塞北，杏花春雨江南”，上句极可能出自陆游“铁马秋风大散关”一句，下句则是世人对江南柔美风情的赞美。杏花如今在江南不多见，想来在古代应该是不输桃李的美景。

有好眼光者审视此地风土地理，秦望山如环形怀抱，坐北朝南，面湖而立，左右双臂伸出，中为云门寺。

山南山北，人民风俗性格迥异，绍兴（指原绍兴县）人相对温婉，而山那边的诸暨人则相对刚硬，有好事者称为“诸暨木头”。有个段子这样说：

陆游草堂杳不可察　（刘华先 摄）

一绍兴人和一诸暨人打架，绍兴人说："我不跟你打，让我弟弟来跟你打。"诸暨人道："好，等你！"

绍兴人一转身离开，此事已毕，该干吗干吗去。诸暨人等到日落又日出，还不见绍兴人回转。走又不甘心，因为没打赢。

阳明问心

平水江水库东侧，另有宛委山阳明洞天，有摩崖石刻。一些从其他地区搬迁而来的古民居建筑，就山势设计，被改造为一处酒店园林，绿树成荫，颇为雅致。

但在2012年，浙江在线一篇报道的标题是《记者探访阳明洞天 洞

阳明洞天所在景区，如今移了很多外地的古建筑在此，形成一处新景观　（刘华先 摄）

天原迹还在 四周景色荒凉》，看来这几年，绍兴的确花了不少工夫来维护这处古迹。

乍看只是一处山居，但究其里，却是真正另有洞天。原来这里还真的是哲学家王阳明讲学的处所。遍寻之下，山上无洞，才知洞天无非是道家“别有洞天”之意，并非真有物理意义上的洞。

众人不服，非要找寻，见得一处巨石向前伸出，切面有摩崖石刻，可勉强算得上是一处洞天。原来这石便是飞来石，斜面呈50度角，上面刻有贺知章等唐宋名家的题名。其中贺知章所题《龙瑞宫记》摩崖石刻为浙江省文物保护单位。

一查资料，果然，万历《越州府志》称飞来石为阳明洞天，飞来石下有禹穴。越州有道观龙瑞宫，《龙瑞宫记》称洞天“黄帝藏书，磐石盖门，封宛委穴。禹至开，得书治水，封禹穴”。磐石盖门封禹穴，说明阳明洞天就是飞来石，禹穴在磐石之下。

道士陶弘景在其《真诰》“稽神枢第一”中提到“天帝之坛石，正当洞天之中央玄窗之上也”，说明洞天之上有盘石是道家的传统说法。

至于禹穴，自从司马迁上会稽、探禹穴之后又有不同说法。一说认为，禹穴指的是现禹庙大殿东南侧石帆山小山坡下的大禹下葬处；另一说认为指的是宛委山山麓的黄帝藏书、大禹得书藏书处。

在钱塘江流域，佛寺所在多有，道观真不多见。可能是黄帝这个道教中的著名人物的缘故，此地道家气息浓厚。除了龙瑞宫，还有葛仙翁井等说法。说是道家早期著名炼丹家葛玄、葛洪兄弟相继在会稽山炼丹，留下了这口古井。

宋嘉泰《会稽志》称葛仙翁井在禹穴侧，从而将禹穴的具体位置确定了下来。

在全球范围内，铜器的使用被认为是人类进入器物文明时代的重要标志，在若耶溪边，恰恰有过越王的国都，也“涸而出铜”，有欧冶铸剑的传说。

东汉《越绝书》记载:“勾践之出入……走犬若耶。”“若耶大冢者……去县二十五里。”“赤堇之山，破而出锡；若耶之溪，涸而出铜。”“今赤堇之山已合，若耶溪深而不测。”

传说就是传说，黄帝能藏书于此，大禹便能找书于此，从而形成一个完整的逻辑闭环。大禹寻书的传说，后来演化为阳明洞天。《越绝书》记载覆釜山（即会稽山）是一方神山，大禹曾用白马祭祀，在山下寻书。《吴越春秋》则记载，大禹登宛委山（会稽山），寻得了治水之理的金简之书。

王阳明每到越州，必到阳明书屋，与儒道气息浓厚的乡贤王思舆和精于天文、地理、兵法、奇门九道之学的许璋等人朝夕相处，多有交流。

这里有个常见的误会：阳明洞天是因王阳明而得名。其实正好相反，王阳明的号是因了阳明洞的缘故。

王守仁为余姚人，绍兴的会稽山与余姚的四明山相距不远，两地往来频繁。作为心学集大成者，王守仁与孔子（儒学创始人）、孟子（儒学集大成者）、朱熹（理学集大成者）并称为孔、孟、朱、王，近些年更成学术热点。正是在阳明洞天，王守仁为自己取了个号“阳明子”。

万历《会稽县志》载：“王文成公守仁为刑部主事，时以告归，结庐洞侧，默坐三年，了悟心性，盖始于此，今故址犹在。”这说明，第一，王阳明并非在阳明洞像老僧那样打坐，而是在洞侧盖了间房子居住，生活条件是不差的；第二，这里是心性之学的重要形成地，至少是在这里发表了他最重要的哲学著作的。

姓和名，是一个人在外最重要的符号，连号都因此地而改，可见会稽山阳明洞对王守仁个人及其“心学”理论的影响非常巨大。

作为道教的十大洞天之一，位于会稽山脉宛委山的阳明洞天，其实早在唐代就有了，白居易在《和微之春日投简阳明洞天五十韵》诗里曾提到：

耶溪岸回合，禹庙径盘纡。
洞穴何因凿，星槎谁与刳。
石凹仙药臼，峰峭佛香炉。
去为投金简，来因挈玉壶。

宋人陈起也有《谒阳明洞天》诗：

羁游何事复来东，岂是三生太史公。
舞鹤台空丹蜕井，见龙坛古瑞名宫。
石帆酒甕遗秦迹，玉简金书閟禹功。
万壑松风秋愈壮，直将幽意问穹隆。

这说明，远早于王阳明生活的明代，在唐宋时期已有宛委山阳明洞，只是王阳明将洞名据为己号而已。

现有王阳明展览，大抵展出一些王阳明与越地有关的作品和研究著作，以及其他一些考证论据，看来也是饶有兴味。其中一处讲到书屋称，王阳明《守岁诗并序》落款为“阳明山人守仁书于稽山草堂”，而稽山草堂或者就是阳明书屋的名谓；王阳明《若耶溪送友诗》有“阳明山人王守仁书于四清轩”，“四清轩”或是书屋中的一间。

如此说来，王阳明这处书屋，恐怕不能仅称为书屋，而应该称之为书院了。

绍兴近几年大力挖掘和研究王阳明心学，以致余姚人坐不住了。甚至写了题为《绍兴人凭什么跟我们抢王阳明》的文章，看来文化复兴，连这样古老的人物都有人抢了，于文化发展而言当然是好事。

不过，余姚古属绍兴府，这么说来，说是余姚人或绍兴人，都不算错。况且，王阳明的号都来自现在的绍兴阳明洞，大家各安其心就好，所以余姚和绍兴都有王阳明故居。

孔氏道门

正在兴建中的龙瑞宫离绍兴市区不远，原为龙舌嘴公园。面前开阔，是一个三江口的地理位势。主持工作的是绍兴市道教协会孔云鹏道长。

这里本非龙瑞宫原址，而是异地重建。最先的龙瑞宫，当在阳明洞天附近。《道书》云："黄帝时尝建候神馆于此。"唐神龙元年（705），置怀仙馆。唐开元二年（714）因龙见，改名龙瑞宫。怀仙馆为南朝宋人孔灵产入道后所重建。所谓"龙见"，指"敕方士叶天师设醮而龙现"。万历《会稽县志》卷十六曰："龙瑞宫在宛委山下，其旁为阳明洞天。"

所以初来乍到者可能会疑惑：龙瑞宫在绍兴市区，与贺知章所题的《龙瑞宫记》石刻相距半小时以上车程。询问孔云鹏道长才知道原来现在龙瑞宫的位置，与古时龙瑞宫地址不是一回事。

由于建筑簇新，很难从龙瑞宫本身说出什么门道来，最有看点的可能还属孔云鹏道长本人。

孔云鹏道长的经历颇传奇，他也是个勤奋有为的人。早年师从武当山道长习武，后来才回绍兴主持龙瑞宫。其人白衣飘飘，神采飞扬，绝不似人们印象中的道士那样内守持重。龙瑞宫目前正在大兴土木，还用到了现代科技。站在龙瑞宫广场的某块方砖上发声，会有极纯正的回音。

孔道长收藏着一本《孔子后裔在浙江》，里面记载了他作为孔氏子弟的出身。在他的自述中，他是武当紫霄宫徐本善108式太极拳、武当六大神形拳的嫡系传人。说起浙江风土人情，他莫不熟稔，真是一个好

龙瑞宫牌坊　（刘华先 摄）

的社会活动家。龙瑞宫能异地重建，也全赖他的多方奔走。

如今的孔云鹏，无论是道观装饰，还是他本人的宣讲，多以道教文化传承为主。

在贺知章的摩崖石刻《龙瑞宫记》中，对龙瑞宫的记载较为详细。这部作品雕刻在飞来石崖面之中心部位，周刻线框。框高76厘米，宽69厘米。文为楷书阴刻，12竖行，满行15字，字径3.5厘米。

贺知章的书法存世极少，《龙瑞宫记》便是其中之一。相传，贺知章应乡亲相邀欣然书丹，并命工刻于石壁上。刻石题名《宫记》，实为《龙瑞宫管山界至记》，现习称《龙瑞宫记》，全文如下：

> 宫记　秘书监贺知章　宫自黄帝建侯神馆，宋尚书孔灵产入道，奏改怀仙馆。神龙元年再置。开元二年敕叶天师醮，龙现，敕改龙瑞宫。管山界至：东秦皇、酒瓮、射的山；西石篑山；南望海、玉笥、香炉峰；北禹陵内射的潭、五云溪、水府、白鹤山、淘砂径、茗坞、宫山、鹿迹潭、葑田、茭池。洞天第十，本名天帝阳明紫府真仙会处，黄帝藏书，磐石盖门，封宛委穴。禹至开，得书治水，封禹穴。

这个记基本上把本地传说捋了一遍，甚是清晰。绍兴人还将其中的“酒瓮”一词拿来说事，证明很早以前，绍兴人就会喝酒了。至于是不是黄酒，这个就不敢妄言了。

朱子一　文

建　德

寿昌江畔诗酒茶

冬访新安畔，富春丰硕年。一帆扬水上，二将立岩前。上马多故事，出龙三井巅。通衢寿昌路，山邃有神仙。“神仙”就是“建德人”。有学者推断，考古认定的“建德人”就是浙江的原始民族——越族的祖先。这真是应验了“山不在高，有仙则名”。山水相连，有仙山当有圣水。这圣水就是钱塘江在建德境内的支流——寿昌江。

源远流长诗意浓

寿昌江，也称寿昌溪，因其流域属原寿昌县而得名；又因自童家溪来会之处至旧时仁桥一段，河滩多长白艾，故旧时亦称白艾溪、艾溪；再因河床宽而浅，俗称大溪。

清代诗人叶诰书有《艾溪晚渡》曰：“南溪渡口石如龙，俯首欣看水底峰。惜有渡船无渡屋，去秋发起兴均浓。”寿昌江主流长65.8千米，是新安江的一级支流，流域面积692.3平方千米。由于河道曲折，集流时间短，总落差达428米，易形成洪涝灾害。

改革开放后，生态环境保护日益受到重视。经过几十年的封山植树、造林抚育，寿昌江流域的植被覆盖率有了很大提高。清代寿昌诗人蒋屺培有《寿昌杂咏》两首，其中言：“溪水原堪一苇杭，往来唤渡立斜阳”“石美松阴泉美声，眼前风景两凄清”。而当代寿昌诗人程小军有《沁园春·建德寿昌江》，有句云：“出岫蛟龙，一路蜿蜒……激宕波狂。村缀明珠，桥连钩锁，岸草绵青白鹭翔。……罗桐外，抱坝前新水，还奔钱塘。”

去往寿昌的路上，青山苍翠养眼，空气沁人心脾，真是“时隐时现雾缭绕，山清水秀美如画”。途经下涯镇丰和村孙家自然村时，村口迎面而来一座凉亭，亭下是一架古桥，名为庆福桥，桥边还有几株古樟树，一看就是一个有历史积淀的古村。不错，这里是建德侯孙韶后人的居住地，现今仍完整保存着孙氏富春堂宗祠和建德侯庙。

据说，古时候这里经常有山洪，为了防洪而建的路和台阶都是石头的。如今这漫山石道、遍村石阶倒成了一道好风景，颇具自然本色。

古人认为，立德、立功、立言是人生事业的三个层次，而立德是最高的境界。《三国志·吴书·孙韶传》：“孙韶，字公礼……权为吴王，迁杨威将军，封建德侯。”又据《三国志·吴书·大帝记》，孙权为吴王是在魏文帝黄初二年（221），孙韶封建德侯也是在这一年。建安十六年（211），孙权定都秣陵（今江苏省南京市），后改秣陵为建业。建德和建业这两个地名，耐人寻味。作为政治中心的国都，乃建功立业之处，以建业为名，十分贴切；作为祖业之本的故乡，乃厚德载物之基，取建德之名，不亦宜乎！从他对建德和建业关系的处理上，可以明显地看出他是将德放在业之前的。

历史就是一条长河，庄子曾提出“建德之国”的理想，500多年后孙权设立了“建德之县”。如今又3个500年过去了，在当前“德文化”的讨论中，寿昌江畔迎来了德文化传承馆的落地。

作为中华“德文化”的发祥地，建德市德文化传承馆于2019年正式开馆。传承馆展馆建筑面积约为530平方米，分四个主题单元，每个主题的命名皆来自经典诗句：“人行明镜中”“清溪清我心”“新安多好风”“共话新都胜”。每个单元都用声光电的现代展陈方式立体呈现德文化。浙江省首个“德文化系列标准”也同期在建德市发布。这套体系

庆福桥，始建于五代十国时期，其后多次重修、重建，最近一次修缮为20世纪90年代 （刘华先 摄）

涵盖了“德文化”村、“德文化”学校、“德文化”志愿服务和美德家庭四大领域的县域地方标准。

探源寿昌江，州志县志有如下记载：在寿昌“县西六十里。旧志云：大溪源自鸡笼山”。《寿昌县志》（万历本民国重修）又载：“寿昌溪，在县西六十里。发源鹅笼山。”“鹅笼山，在县西六十里，寿昌溪之水，由此发源。”到底是“鸡”还是“鹅”，一来《万历·严州府志》上有鹅笼山之记却无鸡笼山之篇，二来鹅比鸡大，说明此山高大。的确，在丘陵地带，峰高1280.5米的三井尖，看起来高耸入云。由其折

保存完整的孙氏富春堂宗祠　（刘华先 摄）

修缮一新的建德侯庙　（刘华先 摄）

向东南就是大坑源，即寿昌江之发源地。

大坑源由西南向东北流，出现一个奇怪的溪名叫中间槽。原来，大坑源一带有竹林7000余亩，过去这里盛产土纸，造纸的纸槽大多在溪坑边，大坑源从一个小山村两边纸槽中间流去，村也好溪也罢，就都简单地叫了中间槽。溪流过了金鸡山脚、长林口等地，从管村桥流向上马，即为上马溪了。

上马溪上有一座古老的石拱桥，名叫霞雾桥，有一种说法是当地方言“霞雾”与“下马”谐音，故后人以其命名下马桥、下马村、下马乡。1958年，下马乡报请上级批准，改为上马乡，从此“下马”变“上马”。2005年，上马乡与大同镇合并，组成新的大同镇，而大同古镇就在溪的北岸。

上马桥由三个半圆形的拱圈组成，桥栏两边长着翠绿的藤蔓，桥身倒映在清澈的河水中，形成一道美丽的景观。

据《寿昌县志》（万历本民国重修）记载，该桥始建于明代末年，清道光二十九年（1849）经过一次大修。此桥是当年寿昌最大的桥，历经无数考验。最令人难忘的是1972年8月3日，7号台风过境，寿昌境内出现历史上罕见的特大洪水，在这场史无前例的洪水中，霞雾桥奇迹般地屹立水中。如今，霞雾桥已是建德市重点保护文物。

走在大同古镇那条200多米的老街上，依然能看到临溪一面的好多河埠头，一些姑娘大嫂在那里洗衣洗菜，悠久的砌石被磨得光溜溜的，正是摄影家的好题材。老街东北端起于大同庙边的昌运亭，西南面有个岔口，一头沿着溪流继续延伸，另一头折向西北，“人”字形街口是老街中心。老人们说，过去这里商号林立，人流云集，三教九流的人都有。尤其是徽商，是老街的主流商人，有“无徽不成市”的说法。在徽

留存下来的古弄堂，虽镌刻着沧桑印记，但依然洁净安宁 （刘华先 摄）

州，流传着“前世不修，生在徽州，十三四岁，往外一丢”的谚语，意思是说，徽州人一到十三四岁，就要出门学做生意。在大同80岁以上的老人中有不少是从小到这里做学徒的徽州人，他们已经完全融入当地。除了徽商，还有江西商人，主要是开酒坊、旅馆、茶店的。当然，源自浙江省的商人也不少，他们主要经营糖坊、打铁铺、金银加工等。

抗日战争爆发后，大同遭受日机轰炸，大半条街市被焚毁，商家无奈摆摊谋生。1945年后，一些商铺才慢慢恢复。直至改革开放，社会日益繁荣，大同古镇也逐渐成为商贸旅游观光目的地。

近年来，大同镇为实现乡村振兴，探索新时代乡村治理体系，以自治为前提，健全民主管理、强化民主决策、落实民主监督，完善乡村治理机制；以法治为保障，建起党员巡逻队、老娘舅调解队、应急消防队等多支队伍，建好系列保障机制，精准服务，健全乡村治理体系；以德治为支撑，深入开展“道德模范”“美丽庭院”“最美村民”等评选活动，积极培育农村新风尚，办好农村文化礼堂；以五级微信塔群为载体，充分发挥新媒体功能，提升乡村治理能力。通过自治、法治、德治“三治融合”，重点打造示范镇、示范村。

抚今追昔，在寿昌江畔，唐代后期产生过一位著名诗人，《全唐诗》载其诗208首，历代评其诗“清新警拔”“清逸精深”，甚至把他与李白并举。这位诗人就是唐寿昌长汀源人（今建德市李家镇）李频，字德新。李频幼读诗书，博览强记，领悟颇多。有记载，寿昌县令穆君游灵栖洞，即景吟诗：“一径入双崖，初疑有几家。行穷人不见，坐久日空斜。”得此四句后稍顿未续。时李频从行，续吟：“石上生灵笋，池中落异花。终须结茅屋，到此学餐霞。”穆君大为赞赏。李频中进士后，一路为官，曾任都官员外郎、建州刺史等。在任上，他抑制豪强，勤政为民，受人尊敬。自唐至今，寿昌江畔建有好几处纪念李频的祠庙。魏驮山麓的这一处，经历代修缮保留下来，进入21世纪后，在旧址上重修了李都官祠，内供巨大的李频石雕坐像。

为官者如是，平民也有。清代有一位寿昌东门人，名蒋天羽，年64岁时将家务诸事交付其子，其与两三知己，每日吟于林下，飘飘若仙。佳句有“有怀凭绿水，无恙是青山”“栽培嫩笋从容绿，检点繁花次第红”“野人带雪归樵晚，舟子乘风罢钓迟”等，真是山林尘外诗意浓。

当代诗人章剑清在《寿昌江》中如是说：“万峰横亘几州县，三井泉源汇一方。艾草点溪清可鉴，松风拂水抑还扬。沙明岸碧连胶坝，千折百回经寿昌。快意临江闲濯足，忘机对鹭是仙乡。”

蛟龙戏水乐陶醉

大同地处两溪汇合处，有一水名蛟溪（劳村溪）。当地人形象地比喻说上马溪是一个多情的姑娘，从大坑源而来，婀娜多姿，行走在上马、溪口的平川上。溪里多深潭，潭中尽游鱼。而蛟溪好比一个耿直小伙，自魏驮山上下来，少有弯道，也少有深潭，一旦有雨，溪水猛涨，一路奔腾；天一放晴，水位很快下降，故也少鱼。两溪汇大同，同结百年好，好事定多磨，磨难少不了。

传说，东海龙王身边有个专门干涉世上男欢女爱之事的鲤鱼精，它趁龙王午休时溜出龙宫，来到罗桐埠一个深不见底的岩洞里。此洞可以通达两溪交汇处。每当两溪汇合时，它就鼓起腮帮，从口中喷出浊水，顿时两溪巨浪翻滚，汪洋一片，良田被淹，百姓流离。

古城山有个放牛娃，有一天放牛娃身边那头老水牛突然发话了：

“鲤鱼精要是再兴风作浪，我们就去收拾它。”“怎么收拾？”“到时候，你听我的就是了。”老水牛信心满满地回答放牛娃。一天，鲤鱼精又发威了。老水牛马上驮着放牛娃来到两溪交汇处，只见浊水从一个大岩洞中不断涌上来，老水牛大喝一声：“大胆鲤鱼精，胆敢在此兴风作浪，还不快来受死。”鲤鱼精才不把这一老一少放在眼里，只顾鼓腮吐水。老水牛急了，一屁股坐到洞口上，洪水很快退了下去。鲤鱼精哪肯服输，鼓腮狂喷，一下子把老水牛和放牛娃抛到了龙门山上。鲤鱼精以为自己赢了，不停地哈哈大笑，哪知放牛娃已经悄悄地来到它的背后。放牛娃趁机把放牛鞭横插进它的两腮之间，老水牛立马将尖利的牛角扎进了鱼嘴。鲤鱼精被制服了，百姓又可以安居乐业了。为了纪念放牛娃和老水牛，人们在溪边那个岩洞旁建了一座“大洞寺”。“洞”“同”音近，且大同也是美好理想，久而久之寺名成了“大同”，地方也就叫大同了。

蛟溪从魏驮山而来，由西坑源、北坑源经杨家口水库、沙墩头、龙桥至舒家，合大山里之水，东南向流至诸家，再合新桥之水，又东南流至吴家，合黄垄之水，过黄家，经久山湖注入寿昌江。

西坑源、北坑源是当年红军活动过的地方。1936年8月，中共浙皖特委按照皖浙赣省委“在根据地开展游击战争”的方针，组织寿昌、开化、常山、遂安、衢县边区工作团和游击队到五县交界的千里岗山区开展游击斗争。不久后，中共衢遂寿中心县委建立了红军游击大队，开辟了千里岗游击根据地。红军游击队在西坑源、北坑源的纸槽工人和农民中进行革命宣传活动，发展党员，先后在谢家、缪家、沙墩头、大坑源等地建立了4个党支部。当年底和第二年春，红军游击队在这一带开展了一系列战斗，消灭保安队，镇压恶霸土豪。

北坑源和西坑源流传着许多红军战士的故事。余大斌是江西上饶人，在北坑源当纸槽工，于1936年10月加入中国共产党，是千里岗红军游击队的一员。1937年年初，国民党进行搜山“围剿”。因几天未吃东西，余大斌下山到方塘坞的老东家陈秋旺处买干粮，好让同志们吃个饱饭。余大斌来到陈秋旺家后，陈秋旺不仅热情地接待了他，还招待他吃饭。但谁知陈秋旺早已被敌人收买了，他一边假意留余大斌过夜，一边偷偷地向壮丁队报信。半夜，几十名壮丁包围了陈家。余大斌被捕，受到敌人严刑拷打，他宁死不屈，最后牺牲于石门堂。

“水不在深，有龙则灵。”寿昌江的这条“蛟龙”既给这片山清水秀的土地送来了风调雨顺，也给当地农民带来了3次难忘的洪水，分别是在1972年8月3日、2008年5月28日和2010年6月18日。尤其是1972年这次百年一遇的特大洪水，124个村庄受淹，共淹没5.19万亩农田，冲毁房屋万余间，损毁堤坝484处84千米、塘坝46处、机埠58座、堰坝33条1329米，人员死亡33名，受伤100余人。但是在不可抗拒的洪水面前，当地干部群众众志成城，涌现出了许多英雄事迹。住在高处的农户，慷慨地给不熟悉的灾民提供食宿，把床位让给老弱病残。横山钢铁厂职工全部投入抗洪第一线，工人涂瑞宏在洪水袭来时，奋不顾身跳进急流中抢救来不及逃生的灾民，多次来回救人，最后因体力不支，又被电线缠住了脚，不幸牺牲。灾后，各级党组织迅速行动起来，开展抗灾自救。

风送樵歌煮茶香

好茶离不开好水，茶圣陆羽在《茶经》中对水的品评是“山水上，江水中，井水下”。寿昌江水山中来，泡得千岛银珍茶。睦州在当时属于全国八大产茶区之一的浙西茶区，寿昌江流域是浙西茶区的重心，如十都的老鹰岩、十二都的里洪坑等地均盛产好茶。尤其是里洪坑红茶，曾获1915年巴拿马万国博览会特奖金牌，其制作工艺为非物质文化遗产。追溯一下，有唐代的“睦州细茶”、宋代的“天井贡芽”、清代的“严州苞茶”，还有传说中的“二十四两”至“百两”“千两”，现在千两山就在乾潭镇乾潭村七星坞自然村东南，因此山每年出产的野生茶售价可达白银一千两，故名。话说当年程隆盛商号有个秀峰茶庄，管事章宝权精心制作的老鹰岩绿茶、里洪坑红茶，因外形好、口味醇、价格惠，供不应求。荣获1915年巴拿马万国博览会金奖的茶就出自章宝权之手。

宋人有一种集体品评茶叶品质优劣的形式，即斗茶，又称“茗战”。随着民间饮茶之风的盛行，斗茶在民间也得到普及。文人墨客们则在书斋里、亭园中以茶较量。范仲淹与章岷斗茶就发生在寿昌江畔。章岷先作《斗茶歌》，范仲淹看后连连称颂，并即和韵:“年年春自东南来，建溪先暖冰微开。”“北苑将期献天子，林下雄豪先斗美。”范仲淹还曾与章岷同登承天寺竹阁。章岷先咏诗:“古寺依山起，幽轩对竹开。翠阴当昼合，凉气逼人来。夜影疏排月，秋鞭瘦竹苔。双旌容托乘，此地举茶杯。” 范仲淹对章岷的诗称赞不绝，感叹地说:“此诗真可压倒元白矣!”并和韵道:“僧阁倚寒竹，幽襟聊一开。清风曾未足，明月可重来。晚意烟垂草，秋姿露滴苔。佳宾何以贮，云瑟与霞杯。”可惜章岷的诗句流传至今只有六首，尚不包括那首震撼文坛的《斗茶歌》，这是中国文学史上的一大损失，亦是中国茶文化史上的一件憾事。

当地还有一则陆游煮茶醒酒的故事。南宋淳熙年间（1174—

1189），陆游任严州知州。一上任就遇到秋旱，他一边给朝廷打报告，一边给农户减租税，并号召农民补种冬季农作物以减少损失。是年冬天瑞雪盈野，丰年有兆，陆游心情大好，于是与友人泛舟江上，见两岸雪景如画，大家狂歌饮酒，放舟数十里。陆游大醉，仆人赶紧寻一村落靠岸，将其背到一农家，请农妇煮茶醒酒驱寒。农妇将家中窖藏多年的陈茶取来，仆人见其茶条索乌黑油亮，怒斥农妇，为何不将新茶取来！农妇急告之："此茶乃家传秘制，一年是药，二年是宝，三年是丹，最能醒酒养生。"仆人听后，便将茶煮给陆游喝下，果然如农妇所言，不久陆游便醒了。醒后的陆游只觉满口清香，咽喉甜润，便问方才所饮为何物。农妇灵机一动，告诉陆游："此茶乃是家传秘制的严州红!"陆游大悦，连赞"绝品！"

寿昌江国道边有一处竖了块牌子，上面写着"西汉名臣朱公祠"。传说朱买臣功成名就之前，曾在洋溪朱池村生活，村里至今都完整地保留着他的故居朱公祠，还有凿池涤砚的"朱池"。而且附近山上还有朱买臣的墓，写有"汉右相朱公讳买臣之墓"的石碑，为明朝万历年间（1573—1620）建德知县俞汝为所立。

临近的富塘村有胡氏宗祠、毛氏家厅、江氏家厅。拥有600多年历史的胡氏宗祠依然保存完好，与拥有380多年历史的毛氏家厅和280多年历史的江氏家厅一起，"三氏"同心，其乐融融。

富塘村全村有18条渠7个塘800米溪，山清水秀，物阜民丰，人杰地灵。村民靠种茶卖茶谋生，可谓家家有茶园，人人念茶经。村里文化底蕴深厚，特别是耕读文化代代相传。在漫漫的历史长河中，小村里竟走出了20多名进士。富塘村以特色农业为主，集茶叶、蚕桑、油茶、柑橘于一体，近年来大力推广种植菊花。近百亩的皇菊金灿灿一片，菊农们

富塘村文化礼堂的主要场地设在胡氏宗祠内　（刘华先 摄）

富塘村的毛氏家厅，是村文化礼堂的一部分　（刘华先 摄）

富塘村的江氏家厅，门头比毛氏家厅略宽一些，也是村文化礼堂的一部分　（刘华先 摄）

眉开眼笑地摘下朵朵皇菊。

村文化礼堂的墙上张贴着崇德尚贤最美人物榜，如好村民胡永华，生于1969年6月，是一名农村土木工师傅，处处为村民着想，尽其所能节约成本，向困难农户伸出援助之手，并为富塘村的新农村建设献计献策；好婆婆廖林香，生于1938年12月，是村里的长寿老人之一，育有四个儿子，五代同堂，家族和睦、邻里和谐，视儿媳如亲生；好媳妇毛立霞，生于1970年2月，二十多年如一日，吃苦耐劳，节衣简食，不辞辛苦地照顾家中的老人和孩子。她一直把公公婆婆当作自己的亲生父母一样尊敬和孝顺，在日常生活中，事无巨细、无微不至地关怀他们，赢得

了左邻右舍的赞扬。

山好，水清，酒醇，茶香，人更美，喜作《南小石调·锦上花》寿昌咏：山泉地、诗意浓，清波碧、树叶红，蛟龙戏水入迷踪。观醉鲤、石弄淙，乌龟谷、唱仙风。樵歌茶韵响桥东，功德圆满再相逢。

周　进　文

后　记

写完这本书稿，透过层峦叠嶂，跨越座座高山，蹚过条条江河，一幕幕过往如老电影般，带着雪花，发出金属般的声音。

有时记忆会卡，有时美好会笑。

这部书稿，自立意起，就与之江大地的山水相连，与几千年前的文明相连，带着孩子般的好奇，带着古人的梦想，带着我们的向往，一起走向大山，发出灵魂的叩问。

今时今人，竟有如此福分，生活于这片大地，水草丰美，到处流淌着奶与蜜。

与其说是采访、问询，不如说是致敬，向天地，向古代先贤，向今天奋斗的人民。

每一块遗落乡间的石碑上，寥寥数语，背后可能是响彻云霄的历史巨变，至今带着穿越历史的雷声滚滚。

每一处流淌千年的水池里，平静如常，却带着千年前的墨香，至今浓郁扑鼻。

每一处涓涓细流，波澜不惊，不出百里，却汇成浩浩江流，直扑大海。

就这样，我们收获惊喜，荡涤心灵，在之江流域，在大水或小溪处，流连忘返，完成了最为喜欢的采访之旅。

很少有人能够像我们这样，走遍钱塘江流域的每个源头，与那里的文明对话，与自然和好，向那里的人民致敬。

在本书采访过程中，钱塘江文化研究会、浙江省政协书画之友社、钱塘江各源头所在地政协和相关机构提供了各种支持，为这部书稿的最终完成付出了大量心血，谨以此短短文字，向他们表示感谢。

撰写这本书，无关开始，也无关结束，只是在历史的这个当口，做了一次普查性质的记录。若百年、若千年后，后人读到这份文字，以我们这次努力为引，有新人新事可记录，亦不忘这份初心，便已足。

是为记。

陈荣高

2019年12月30日

图书在版编目（CIP）数据

钱江探源 / 陈荣高等著. — 杭州：浙江工商大学出版社, 2020.4

（“钱塘江故事”丛书 / 胡坚主编）

ISBN 978-7-5178-3716-9

Ⅰ. ①钱… Ⅱ. ①陈… Ⅲ. ①钱塘江—流域—文化研究 Ⅳ. ①K295.5-53

中国版本图书馆CIP数据核字(2020)第015479号

钱江探源

QIANJIANG TAN YUAN

陈荣高 等著

出 品 人 鲍观明

策划编辑 沈 娴

责任编辑 郭昊鑫 沈 娴

责任校对 张婷婷

封面设计 观止堂_未氓

责任印制 包建辉

出版发行 浙江工商大学出版社

（杭州市教工路198号 邮政编码310012）

（E-mail：zjgsupress@163.com）

（网址：http：//www.zjgsupress.com）

电话：0571-88904980，88831806（传真）

排 版 杭州林智广告有限公司

印 刷 安徽新华印刷股份有限公司

开 本 880mm × 1230mm 1/32

印 张 7

字 数 167千

版 印 次 2020年4月第1版 2020年4月第1次印刷

书 号 ISBN 978-7-5178-3716-9

定 价 68.00元

浙江工商大学出版社营销部邮购电话 0571-88904970